AF547229

Bundesministerium
Kunst, Kultur,
öffentlicher Dienst und Sport

Der Vermes-Verlag wird im Rahmen der Kunstförderung des Bundesministeriums für Kunst, Kultur, öffentlichen Dienst und Sport unterstützt.

Wir danken der Abteilung für Kunst und Kultur der NÖ Landesregierung für die Unterstützung.

2. Auflage 2023

Kleine Tullnbachgasse 64, 3430 Tulln an der Donau

Text, Illustration und Satz: Verena Heidecker
Lektorat: Claudia Skopal
Fachlektorat: Univ. Prof. Dr. Claudia Bieber
Druckvorstufe: Lorenz+Zeller GmbH, Inning a. A.
Druck: GrafikMediaProduktionsmanagement GmbH, Köln
Printed in the EU

ISBN 978-3-903300-68-2

www.vermes-verlag.com

Das Leben von
heimischen Wildtieren im
Jahresverlauf

Text und Illustrationen von
Verena Heidecker

Marder
Fuchs
Reh
Fasan

Inhalt

Hase

Den Wildtieren auf der Spur

Hast du dich schon einmal gefragt, warum du Wildtiere nur selten siehst? Möchtest du ihnen auf die Spur kommen? Dieses Buch wird dir dabei helfen, ihre Lebensweise kennenzulernen. Du erfährst, wie das Leben von Pflanzen und Tieren zusammenhängt und wie du die Artenvielfalt unseres Planeten am besten unterstützt.

RICHTIGES VERHALTEN IN DER NATUR

In den einzelnen Kapiteln findest du Tipps, wie du dich in der Natur richtig verhältst. Meistens bemerken wir Wildtiere wegen ihrer perfekten Tarnung gar nicht. Deshalb ist es wichtig, ihre Lebensweise kennenzulernen. Wildtiere sind immer perfekt an ihren Lebensraum angepasst. Wie, das zeigen dir die unterschiedlichen Kapitel: Frühling, Sommer, Herbst und Winter.

Suche dieses Zeichen: 

Aber Achtung! Es ist gut getarnt. Es markiert die Seiten, auf denen du Hinweise für die Aufgaben im Entdeckerheft findest.

DIE JAHRESZEITEN-HERAUSFORDERUNGEN

Um es für dich spannender zu machen, findest du am Ende des Buches einen QR-Code, mit dem du dir ein kleines Notizheft, das Entdeckerheft, downloaden kannst. Darin findest du Aufgaben. Es soll dir dabei helfen, selbst in der Natur aktiv zu werden und die Artenvielfalt zu unterstützen. Lies die Seiten dieses Buches ganz genau durch, um Hinweise zu finden, die dir dabei helfen können.

Frühling

Im Frühling beginnt der Jahreskreislauf. Die Bäume blühen und bekommen Blätter. Die Sonne wärmt den Boden. Die Tier- und Pflanzenwelt erwacht und neues Leben entsteht. Der Frühling dauert von Ende März bis Ende Juni.

Der Jahreskreislauf beginnt, sich zu drehen

auf WIESEN UND FELDERN

Mit Frühlingsbeginn tummelt sich das Leben auf Wiesen und Feldern. *Rehböcke* tragen schon ihr voll entwickeltes *Geweih.* Schwächere *Böcke* stehen noch im *Bast.* Das bedeutet, dass sie eine gut durchblutete Hautschicht über dem *Geweih* erst abreiben müssen. Diese Schicht heißt *Bast* und das Abreiben nennt man *verfegen*.

Das *Geweih* ist ein Knochen. Da die *Böcke* diesen Knochen an Bäumen und Sträuchern abreiben, bekommt er seine typische Farbe von den ätherischen Ölen der Pflanzen.

Rehe suchen im Winter den Kontakt zu anderen Rehen, um sich gegenseitig zu schützen. Im Frühjahr trennen sie sich wieder. Die letzten *Winterverbände* kannst du bei der Nahrungsaufnahme im Frühling, dem *Äsen,* gut beobachten. Die Tiere genießen den Beginn des Jahres mit viel Energie und sind sehr aktiv. Ihren großen Appetit stillen sie mit frischen Kräutern und Knospen.

Die *Decke,* so heißt das Fell der Rehe, wechselt ihre Farbe vom Wintergrau zu einer braun-roten *Sommerdecke.* *Jahrlinge* und *Schmalgeißen*, das sind *Böcke* und *Geißen*, die erst ein Jahr alt sind, bekommen ihre *Sommerdecke* schon früher als ihre älteren Verwandten.

Bei jungen oder schwachen Böcken kann sich das Wachstum verzögern. Knöpfler sind Rehböcke, die im Frühling noch kein fertig ausgebildetes Geweih tragen.

Wissenswertes

Im Winter bilden Rehe Gemeinschaften, die sie im Frühling meistens wieder auflösen. Auf Wiesen und Feldern gibt es diese Gemeinschaften länger als im Wald. Manchmal lösen sie sich gar nicht auf. Der Grund dafür ist, dass sich die Tiere dort nicht verstecken können und den Schutz der Gruppe brauchen.

„Jung färbt vor alt – alt fegt vor jung" ist ein Leitspruch der Jäger. Er spiegelt eine Beobachtung wider, mit der das Alter eines Rehes geschätzt werden kann. Während Jahrlinge und Schmalgeißen am Anfang des Frühlings, zu Frühlingsbeginn ihr rötliches Sommerkleid tragen, sind ältere Rehe noch in ihrer Winterdecke zu sehen.

JUNGTIER IN SICHT!

Ab Mai musst du äußerst vorsichtig und aufmerksam sein, wenn du draußen unterwegs bist. Es ist die Zeit des neuen Lebens. Die ersten *Kitze* werden geboren, das nennt man *setzen* – bei Rehen sind Zwillinge häufig, manchmal sogar Drillinge. Sie verbringen die ersten Lebenswochen zusammengerollt im Gras einer hohen Wiese. Ihre Mutter kommt regelmäßig vorbei und tränkt und putzt ihre Kinder. Fressfeinde wie Füchse oder Wildschweine stellen eine geringe Gefahr dar, da die *Kitze* kaum Geruch haben, durch den sie entdeckt werden. Eine größere Gefahr sind Menschen.

Wenn du beim Spazierengehen über ein *Rehkitz* oder ein anderes Jungtier stolperst, dann ist dein richtiges Verhalten für sie überlebenswichtig. Halte dich an folgende **Regeln:**

1. Streichle keine Hasenjungen und *Rehkitze!* Wenn ihre Mutter deinen Geruch an ihnen wahrnimmt, werden sie vielleicht von ihr verstoßen, sie können alleine nicht überleben.

2. Füttere keine Tiere! Menschennahrung ist für Wildtiere nicht geeignet.

3. Nimm kein Tier mit nach Hause! Das ist verboten. Außerdem möchte es in seinem natürlichen Lebensraum bleiben.

Richtiges Verhalten

Auch wenn ein Kitz in der Wiese verloren oder einsam aussieht, ist es das nicht. Seine Mutter kehrt verlässlich nach ein paar Stunden zurück. Du kannst es auf jeden Fall allein lassen.

Richtiges Verhalten

Im Frühling passieren die meisten Verkehrsunfälle mit Wildtieren. Du kannst helfen, sie mit dem richtigen Verhalten zu verhindern.

Das richtige Verhalten schützt Rehe im Straßenverkehr.

Im Morgengrauen und in der Abenddämmerung wechseln Rehe von ihren Äsungsplätzen, an denen sie fressen, zu ihren Ruheplätzen oder umgekehrt. Dabei überqueren sie Flüsse, steile Abhänge und Straßen. Deshalb müssen Autofahrer besonders aufmerksam sein, um einen Zusammenstoß mit Wildtieren zu vermeiden.

VORSICHT AUF DEN STRASSEN

Um Hasen, Igel, Rehe und andere Tiere vor einem Wildunfall zu schützen, kannst du deinen Eltern dabei helfen, mit einem wachsamen Blick die Straße „wildtiersicher" zu machen.

Schilder mit „Achtung Wildwechsel" zeigen die Streckenabschnitte an, auf denen die Tiere unterwegs sind. Da aber niemand genau weiß, wo ein Wildtier die Straße überquert, bitte Erwachsene, in der Früh und am Abend langsam zu fahren. Zu dieser Zeit sind Wildtiere am aktivsten. Beobachte den Fahrbahnrand, besonders wenn die Straße zwischen Feldern oder durch ein Waldstück führt. Oft verstecken sich Wildtiere hinter Sträuchern und tauchen plötzlich auf der Straße auf.

Überquert ein Tier die Straße, folgen oft noch andere. Bleiben sie vor einem Auto stehen, sind sie wahrscheinlich von den Scheinwerfern geblendet. Diese verwirren Wildtiere. Der Autofahrer sollte dann sofort bremsen, die Lichter abblenden und hupen, um die Tiere von der Straße zu scheuchen.

WAS TUN BEI EINEM WILDUNFALL?

In diesem Fall ruf bitte die Polizei. Ist das Wildtier verletzt, solltest du unbedingt Abstand halten, um es nicht zu verschrecken.
Auf keinen Fall darfst du das verletzte Tier mitnehmen oder zum Tierarzt bringen. Der zuständige Jagdaufseher wird bei einem Wildunfall gleich von der Polizei verständigt und kümmert sich um das verletzte Tier.

Im März beginnt die Paarungszeit der Fasane, die man *Balz* nennt. In dieser Zeit hörst du den Revierruf der *Fasanhähne*, der so ähnlich wie „Göö-Gock" klingt. Sie schlagen wild mit den Flügeln und verteidigen ihr Revier in Kämpfen. Dabei kommt der *Sporn* zum Einsatz. Dieser ist ein Horngebilde am Fuß und wird als Waffe eingesetzt. Der stärkste *Hahn* gewinnt die *Hennen*, teilweise sogar einen *Harem*, den er beschützt, bis die *Balz-* und *Brutzeit* vorbei ist.

MONOKULTUREN ALS WILDFALLE

Bei einer *Monokultur* wird eine einzige Pflanzenart großflächig angebaut. Das ist eine weitverbreitete Anbauweise auf Feldern, in Wäldern und Gartenlandschaften. Dadurch ist die Ernte ertragreicher.

Für Wildtiere und die Gesundheit eines *Biotops,* eines Lebensraums, ist diese Anbauweise der falsche Weg. Feldbewohner, Hasen und Fasane, brauchen eine vielfältige Pflanzenwelt als Nahrungsquelle und *Deckung*.

Auch Schädlinge verbreiten sich in *Monokulturen* schneller. Die Menschen greifen deshalb vermehrt zu Gift, um diese zu vernichten. Ein Beispiel für einen Schädling ist der Borkenkäfer. Durch die Klimaerwärmung sind seine Lebenschancen gestiegen und er kann in rasanter Geschwindigkeit ganze Fichtenwälder zerstören.

Finden Wildtiere in einer *Monokultur* doch eine kleine Wiesenfläche oder einen *Windschutzstreifen,* sind sie auf dieser winzigen Fläche leichte Beute für *Raubwild.* Deshalb sind Monokulturen kein Lebensraum für die Tierwelt.

Wissenswertes

Hasen und Fasane brauchen beim Nahrungsangebot eine besonders große Abwechslung und verschiedene Möglichkeiten, um sich vor Feinden zu verstecken.

Fasanhähne kämpfen um die Gunst der Henne. Der Stärkste gewinnt, denn er kann das Gesperre, die Henne und die Küken, am besten beschützen.

In einem guten *Feld-* und *Wiesenbiotop* wechseln sich Wiesen und dichte Baum- und Strauchreihen ab. Die Wiesen werden nicht gemäht und nicht bewirtschaftet. Sie heißen *Brachflächen*. Die Streifen, auf denen Bäume und Sträucher wachsen, sind *Windschutzstreifen*. Diese braucht man, um die Felder vor starkem Wind und Austrocknung zu schützen. Auf diesen Flächen können Insekten leben und Kräuter wachsen. Das führt zu vielen verschiedenen Arten von Tieren und stärkt das gesamte *Ökosystem*.

FRÜHLING DER LIEBE

Genau wie bei den Fasanen erreicht auch die Paarungszeit bei den Wildkaninchen und Feldhasen, die sogenannte *Rammelzeit*, im Frühling einen Höhepunkt.

Das Gras ist im März noch niedrig, deshalb kannst du die *Rammelzeit* auf Wiesen und Feldern gut beobachten. *Rammler*, das sind die männlichen Hasen und Kaninchen, kämpfen miteinander um das *Revier*. Sie springen sich mit ihren *Vorderläufen* gegenseitig an, um den Gegner in die Flucht zu schlagen. Hat ein *Rammler* in seinem *Revier* gesiegt, zeigt er der *Häsin* seine liebevolle Seite. Er jagt ihr beim sogenannten Paarungslauf hinterher, um sie von sich zu überzeugen.

ZEIT DES NEUEN LEBENS

In der Pflanzen- und Tierwelt entsteht im Frühjahr neues Leben. Daher ist es wichtig, der Natur in den Frühlingsmonaten die Zeit dafür zu geben und sie nicht zu stören. Das gilt auch für unsere Haustiere.

Daher gilt im Frühling: Der geliebte Familienhund bleibt bei den Spaziergängen an der Leine und der Hauskater bleibt lieber im Haus. Jedes Jungtier und die liebestrunkenen Wildtiere werden es dir danken.

Im Gegensatz zu Feldhasen leben Kaninchen in einem Bau. Dafür brauchen sie einen sandigen Boden, den sie aufgraben können. Sie brauchen Röhren, die den Kaninchenjungen Schutz bieten. Damit kein Fressfeind die kleinen Nesthocker holen kann, verschließt ihre Mutter den Eingang zur Setzröhre, wenn sie den Bau verlässt.

Richtiges Verhalten

Während der Rammelzeit können die liebestrunkenen Hasen sehr unaufmerksam sein. Daher besonders im Frühling die Hunde an der Leine halten, um Wildtiere nicht zu gefährden.

Die Kämpfe zwischen Rammlern sind harmlose Machtkämpfe, obwohl sie sich für uns Menschen gefährlich anhören und auch so aussehen.

Wildkaninchen sind sogenannte *Nesthocker*. Sie werden nackt und blind geboren. Gut geschützt, wachsen sie in der *Setzröhre* ihres *Kaninchenbaus* auf. Dieser Teil des Baus besitzt nur einen Eingang, den die Mutter beim Verlassen gut verschließt. Feldhasen hingegen sind *Nestflüchter* und kommen fertig entwickelt auf die Welt. Dadurch leben sie von Geburt an an der Erdoberfläche. Ihre Mutter kommt ein bis zwei Mal täglich vorbei, um sie zu säugen. Nach drei Wochen beginnen sie, zusätzlich feste Nahrung zu fressen.

SCHNELLES ERWACHSENWERDEN

Trotz ihrer angeborenen Selbstständigkeit sind die Junghasen noch leichte Beute für kleine *Raubtiere* und *-vögel*.

Erst als ausgewachsene Feldhasen, mit etwa sieben Monaten, entkommen sie Gefahren durch Menschen, andere Tiere und Maschinen.

Wissenswertes

Die neugeborenen Feldhasen müssen sich in ihren ersten Lebenswochen gegen andere Tiere und Maschinen durchsetzen.

Während der Zeit der *Fasanbalz* bis Mai legt eine *Henne* ungefähr zehn Eier in ein einfaches Nest in einer Mulde. Im Notfall könnte sie noch ein zweites legen, falls das erste zum Beispiel durch starken Niederschlag verloren geht. Nach drei Wochen schlüpfen die Küken und bleiben bis zu drei Monate bei ihrer Mutter.

DAS ÖKOSYSTEM ALS KARTENHAUS

Fasanküken und andere Jungvögel leben in ihren ersten Lebenswochen von Insekten, Würmern und Käfern. Diese führen wichtige Nährstoffe zu, die das Wachstum der Jungtiere ankurbeln. Das ist in landwirtschaftlichen Gegenden schwierig, weil dort Insekten nicht erwünscht sind. Die Bauern gehen zum Beispiel mithilfe von Giften gegen die Schädlinge vor. Diese Gifte gegen Insekten nennt man *Insektizide*. In diesem Fall haben die Vögel weniger zu fressen. Die Anzahl der Insekten wirkt sich also auf das Zusammenspiel von Lebewesen und Lebensraum, das *Ökosystem,* aus.

In einem *Ökosystem* ist alles voneinander abhängig. Gibt es nicht genügend Insekten, haben die Vögel wenig Nahrungsangebot. Diese wiederum gehören zum Speiseplan von fleischfressenden Wildtieren. Das kann ein *Ökosystem* wie ein Kartenhaus zum Wackeln oder Einsturz bringen.

Wissenswertes

In einem gesunden Ökosystem muss es genügend Artenvielfalt geben. Gerät eine Art ins Ungleichgewicht, egal ob Einzeller, Pflanzen oder Tiere, hat das weitreichende Folgen für die Lebensgemeinschaften in einem Biotop.

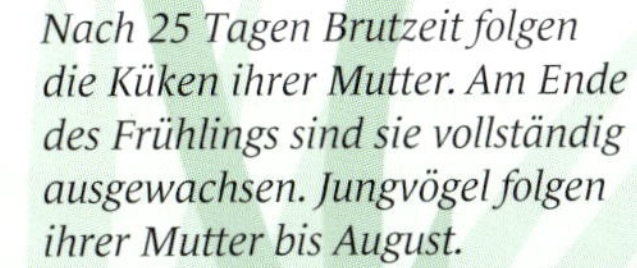

Nach 25 Tagen Brutzeit folgen die Küken ihrer Mutter. Am Ende des Frühlings sind sie vollständig ausgewachsen. Jungvögel folgen ihrer Mutter bis August.

Enten im Elternglück

am UFER

Stockenten suchen früh im Jahr einen Partner, manchmal schon im Herbst des Vorjahres. Die Brutzeit beginnt dann im Frühling. Zu dieser Zeit ist das Nahrungsangebot für die Entenjungen, das *Geheck*, am größten. Enten haben, anders als ihre gefiederten Artgenossen auf Wiesen und Feldern, keine *Reviere*. Der Mann, genannt *Erpel*, verteidigt aber seine *Ente* gegenüber anderen *Erpeln*. Er bleibt mit ihr nicht länger als eine Saison zusammen. Seine Loyalität endet zwischen Mai und Juni. Dann verlässt er das *Brutgebiet*.

Wenn die *Ente* ihre Jungen aufzieht, findet auch die *Mauser* statt. Das bedeutet, sie bekommt ein neues Federkleid. Die Ente kann in dieser Zeit nicht fliegen. Auch *Erpel* verlieren ihre Federn, genannt *Prachtkleid*, und wechseln in das *Schlichtkleid*. Sie sehen dann genauso aus wie eine *Ente*.

ALLES, NUR KEIN MATHE

Der Kontakt zwischen Mutter und *Geheck* beginnt, bevor die *Küken* schlüpfen. Die *Ente* gibt während des Brütens bestimmte Laute von sich, die ihre Jungen nach dem Schlüpfen erkennen. Enten sind gute Mütter. Da sie aber nicht zählen können, fällt es ihnen schwer zu wissen, wie viel Kinder sie haben. Für sie ist alles in bester Ordnung, solange ihnen zumindest eines ihrer Jungen folgt.

Nach dem Schlüpfen nehmen die Küken alles als Mutter an, was sie zuerst sehen. Danach orientieren sie sich an den Lauten, die das Muttertier von sich gibt.

Während der Brutzeit verlässt der Erpel seine Ente und geht auf Mauserzug.

Richtiges Verhalten

Sobald sich Menschen in der Nähe eines Entengeleges befinden, kehrt die Mutterente nicht zu ihrem Nest zurück. Geh am besten schnell weiter, damit sie ihre Eier ausbrüten kann.

Wissenswertes

Füchse sind in der Lage, einen eigenen Bau zu graben. Stolpern sie aber über einen gut gepflegten Dachsbau, nutzen sie sofort ihre Chance.

Dachse kümmern sich gut um ihr Zuhause und veranstalten im Frühling einen Frühjahrsputz. Damit bereiten sie sich auf Jungdachse vor.

Wo sich Fuchs und Dachs „Gute Nacht" sagen

im WALD

Auch im Wald erwacht in den Frühlingsmonaten das Leben. Füchsinnen, genannt *Fähen*, durchforsten spätestens im März die Wälder. Sie sind auf der Suche nach einem passenden Bau, in dem sie ihre Kinder, die *Fuchswelpen,* zur Welt bringen können. Am liebsten ziehen sie in einen fertigen *Bau* eines anderen Tiers, zum Beispiel von einem Dachs oder Kaninchen.

Dabei nehmen Fähen keine Rücksicht darauf, ob im *Bau* jemand wohnt. Die Bewohner werden zum Beispiel vertrieben. Oder aber es entsteht eine Wohngemeinschaft, weil die Füchse heimlich in einen Teil des *Baus* einziehen. So spart sich die *Fähe* viel Arbeit.

DER EINE SO, DER ANDERE SO

Dachse haben ein Talent für den Hausbau und sind auch sehr begabte Haushälter.

Der *Wurfkessel*, die Kammer für ihre Welpen, wird mit weichem Material ausgepolstert. Anstatt mehrere *Baue* gleichzeitig zu bewohnen, wie es Füchse tun, begnügt sich die Dachsfamilie mit einem *Sommer-* und einem *Winterbau.* Im Frühling werden beide ordentlich geputzt. Zum Beispiel wird altes Polstermaterial durch Neues ausgetauscht. Füchse nehmen es hingegen mit dem Wohnungsputz nicht so genau.

Das unterschiedliche Verhalten dieser beiden Waldbewohner geht noch weiter. Beide Tierarten bekommen im März ihre Jungen, aber nur Dachse sind ihren Partnern ein Leben lang treu. Füchse halten ihre Beziehungen zu Artgenossen flach und leben lieber als Einzelgänger.

Frühling

Die Wurfzeit der Wildschweine beginnt im März und dauert den gesamten Frühling. Normalerweise leben Wildschweine in einem Familienverband, einer *Rotte.* Ist das Wildschweinweibchen, die *Bache,* schwanger, baut sie für sich und ihren Nachwuchs einen *Wurfkessel.* Sie polstert ihn mit Gräsern und Zweigen. Er schützt die neugeborenen Wildschweinjungen, die *Frischlinge,* vor Wind und Wetter. Sie brauchen in den ersten Tagen nach der Geburt

Die Balz der Ringeltaube beginnt zwischen März und April. Sie lebt eine Saison lang mit ihrem Partner treu zusammen.

Die Frischlinge brauchen ihre Mutter. Besonders während der Säugezeit, die zwei bis drei Monate ab der Geburt dauert.

besonders viel Wärme. Nach zehn Tagen verlassen *Bache* und *Frischlinge* den *Wurfkessel* und sindauf der Suche nach Nahrung. Als *Allesfresser* durchwühlen Wildschweine den Boden nach allem, was sich verdauen lässt. In Jahren mit besonders viel Nahrung können *Bachen* wegen des Überflusses einen zweiten *Wurf* im Sommer bekommen. Eichel- und Bucheckern, die durchschnittlich alle fünf bis sieben Jahre Früchte tragen, sind eine beliebte Nahrungsquelle für Wildschweine.

Wenn die Natur erwacht

im GEBIRGE

Jedes Lebewesen ist perfekt an seinen Lebensraum, auch *Biotop* genannt, angepasst. So wie die Bewohner der *Bergbiotope*, wo herausfordernde Wetterbedingungen das Leben schwerer machen. Einer dieser Bewohner ist das Murmeltier. Es lebt auf einer Höhe von 900 bis 2500 Metern über dem Meeresspiegel.

Wenn es im Frühling aus dem *Winterschlaf* erwacht, hat es keine Zeit zu verlieren. Kurz nach dem Erwachen findet die Paarung zwischen *Katze* und *Bär,* dem weiblichen und männlichen Murmeltier, statt. Je schneller Murmeltierjunge, die man *Affen* nennt, auf die Welt kommen, desto höher sind ihre Überlebenschancen im Winter. Denn da sind sie dann schon größer und stärker.

Gamsmütter geben manchmal ihre Kitze bei einer anderen Geiß ab, um einen Moment lang durchzuschnaufen. Diese beaufsichtigt dann mehrere Kitze auf einmal im Gamskindergarten.

Gämse tragen, anders als Reh- und Rotwild, Hörner und kein Geweih. Die sogenannten Krucken werden niemals abgeworfen und wachsen ein Leben lang bei männlichen und weiblichen Tieren mit.

Wissenswertes

In den gebirgigen Regionen entwickeln sich aufgrund der extremen Lebensbedingungen ganz unterschiedliche und einzigartige Lebensweisen. Hier reagiert das Ökosystem besonders sensibel auf Veränderungen.

DOCH NOCH NICHT SO ERWACHSEN

Murmeltiere überleben aufgrund der großen Familie. Anders ist es beim *Gamswild.* Bei diesem besteht eine enge Beziehung zwischen der Mutter, der *Gamsgeiß,* und ihrem Kind, dem *Kitz.* Ende Mai, nach Ende der Geburtenzeit, schließen sich viele Mütter und ihre Kinder zu einem *Rudel* zusammen. Auch Söhne, die ein Jahr vorher geboren wurden und die *Jahrlinge* heißen, gehören dazu. Die Väter, die *Gamsböcke,* bleiben unter sich und sind in reinen Männerrunden, den Bockrudeln, unterwegs.

Innerhalb des Baus führen die Murmeltierfamilien ein geselliges Leben. Sie setzen sich aus mehreren Generationen zusammen. Das Männchen nennt man Bär, das Weibchen Katze und den Nachwuchs Aff.

Willkommen im Insektenhotel!

im GARTEN

Insekten haben es in der Nähe von Menschen schwerer, Löcher und Nischen zu finden, in denen sie ungestört wohnen und überwintern können. Du hilfst ihnen, indem du ein Insektenhotel eröffnest.

WIE GEHT DAS?

Besorg dir eine alte, recycelte Blechdose und mach einen großen Spaziergang. Du findest Material im Park, auf einer Wiese, einem Feld, am Flussufer oder im Wald. Mit diesem kannst du dein Hotel befüllen. Achte darauf, dass beispielsweise Schilfröhrchen eine glatte Innenfläche haben und mindestens drei Milimeter breit und zehn Milimeter lang sind.

Jetzt fehlt nur noch der richtige Ort für die Eröffnung. Am besten wählst du dafür ein sonniges Plätzchen, das vorm Regen geschützt ist. Dabei spielt es keine Rolle, ob du das Hotel auf dein Fensterbrett stellst oder an einem Ast aufhängst. Gibt es in der Nähe ein kleines Blumenbeet oder Balkonpflanzen, steigen die Chancen auf Hotelgäste.

WER SIND MEINE GÄSTE?

Viele Insekten wie Marienkäfer, Florfliegen und verschiedene Wildbienenarten nehmen das Angebot eines Insektenhotels gerne an. Anders als zum Beispiel Honigbienen leben die meisten Insekten alleine und brauchen ihr *Biotop,* um eine Wohnung oder geeignete Rückzugsorte zu finden. Besonders in der Stadt ist es schwer, kleine Ecken, Nischen und Löcher zu finden.

Mit einem Insketenhotel, hilfst du den Insekten ein Zuhasue zu finden.

Natürliche Materialien wie Äste, und Schilfröhrchen bieten Wildbienen und anderen Insekten einen sicheren Unterschlupf.

Sommer

Im Sommer finden Wildtiere ein großes Angebot an Nahrung. Sie hilft ihnen schnell in Höchstform zu kommen, denn ab jetzt brauchen sie viel Energie. In dieser Jahreszeit können die hohen Temperaturen eine Herausforderung sein. Wenn es wenig regnet, trocknet der Boden aus und auch die Wasserreserven werden weniger. Der Sommer beginnt Ende Juni und dauert bis Ende September.

Wissenswertes

Im Sommer sind Böcke und Geißen auf der Suche nach einem Partner. Deshalb siehst du mehr Rehe auf unseren Straßen.

Bock und Geiß spielen Fangen. Dadurch entstehen Ringe im Boden. Diese nennt man Hexenringe. Früher glaubte man, dass Hexen dort ihr Unwesen treiben. Das glaubt heute niemand mehr. Aber den Namen gibt es noch immer.

Die (Herz-)Blattzeit der Rehe

auf WIESEN UND FELDERN

Nicht nur wir Menschen machen verrückte Sachen, wenn wir verliebt sind. Auch unsere heimischen Wildtiere verhalten sich während der Paarungszeit seltsam. Zum Beispiel Rehe.

Der Höhepunkt ihrer Paarungszeit fällt in den Hochsommer und beginnt Mitte Juli. Man nennt dies die *Blattzeit.* Sie findet während der frühen Morgenstunden und in der Abenddämmerung statt. Wenn du besonders aufmerksam bist und dich ruhig verhältst, kannst du sie beim Brunftgeschehen beobachten.

DER EINSAME

Je näher die Paarungszeit rückt, desto aggressiver werden *Rehböcke*. Der Grund dafür ist das Hormon Testosteron, das langsam in ihrem Körper ansteigt. Es sorgt nicht nur dafür, dass sich die Tiere als Konkurrenten sehen, sondern auch, dass ihr *Geweih* wächst. Die *Rehböcke* machen sich auf Wiesen und Feldern auf die Suche nach einer *Rehgeiß*. Diese versuchen die *Böcke* durch ein *Fiepen* auf sich aufmerksam zu machen. Ist die *Geiß* gefunden, kann die *Brunft* beginnen.

Das Hormon Testosteron spielt eine große Rolle für den Bock. Wenn derTestosteronspiegel steigt, wächst das Geweih.

RITUALE UNTER VERLIEBTEN

Rehbock und *Rehgeiß* lernen sich bei einem Fangspiel kennen. Dabei beginnt der *Rehbock* eine Hetzjagd auf die *Geiß*, die er mit einem sehr hohen Tempo verfolgt. Unter der heißen Sommersonne wird die Flucht bzw. Jagd von kurzen Pausen unterbrochen, in denen die Tiere wieder Energie tanken.

Die *Geiß* hat dabei den *Bock* immer im Blick, um ihn zur weiteren Verfolgung anzutreiben. Gegen Ende des Triebs verlangsamt sich das Fluchttempo. Anstatt geradeaus läuft die *Geiß* jetzt in Kreisen um Sträucher oder Bäume herum. Dabei trampelt sie manchmal sichtbare kreisförmige Kerben in den Boden.

Gerade für die *Böcke* ist diese Zeit sehr anstrengend. Nicht nur wegen des harten Ausdauertrainings mit der *Geiß*, sondern auch, weil es immer wieder zu Kämpfen mit anderen *Böcken* kommt. Schließlich will jeder das Revier für sich allein haben.

Sommer

Für Wildschweine ist der Sommer eine tolle Jahreszeit. Menschen bauen nun verstärkt Getreide und andere Pflanzen auf den Feldern an. Vor allem die vielen Maisfelder kommen den Wildschweinen entgegen. Diese sind in vielen Orten zu *Kulturfolgern* geworden. Das bedeutet, dass sie ihr ursprüngliches *Biotop,* den Wald, für die Maisfelder der Bauern verlassen.

Oft sind die von Wildschweinen verursachten Schäden in einem Feld von außen gar nicht sichtbar. Erst aus der Vogelperspektive betrachtet sieht man das Ausmaß der Zerstörung.

KEINE HOHEN ANSPRÜCHE

Besonders in den heißen Sommermonaten ist ein Maisfeld von Vorteil für die Dickhäuter. Mit wenig Kraftaufwand können sie viel Nahrung zuführen. Die Nähe der Felder zu Ortschaften stört das Wildschwein nicht. Anstatt mühsam den Waldboden zu durchwühlen, frisst es lieber den Mais, der einen hohen Stärkegehalt liefert.

Leider richten Gruppen von Wildschweinen, genannt *Rotten,* dabei große Schäden an. Oftmals trampeln sie ganze Feldstrecken von innen heraus nieder und fressen sie leer. Ein ausgewachsenes Tier von 75 bis 100 Kilo verputzt eine große Menge Futter. Das bedeutet für den Landwirt eine miese Ernte und Groll auf Wildschweine.

Rotte oder Rudel?

Für eine Ansammlung von Wildtieren gibt es unterschiedliche Bezeichnungen. Beispielsweise nennt man eine Gruppe von Wildschweinen eine Rotte, Gämsen bilden ein Rudel und viele Rehe nennt man einen Sprung. *Mehr dazu findest du auf Seite 86.*

Wissenswertes

Wildschweine verlieren mit der Zeit ihre Scheu vor Menschen, sie dringen dann immer tiefer in bewohnte Gebiete und auf Felder vor. Dadurch richten sie oft Schäden in Gärten und Grünanlagen an, die der Land- und Forstwirtschaft enorm zusetzen.

Wildschweinrotten bestehen aus Frischlingen, Überläufern und Bachen. Überläufer nennt man einjährige Tiere. Rotten können in besonders nahrungsreichen Biotopen eine Größe von bis zu 50 Tieren erreichen.

Sommer

Von dem großen Nahrungsangebot der *Kulturlandschaften,* zum Beispiel Feldern, machen nicht nur Wildschweine, die man *Schwarzwild* nennt, Gebrauch. Auch Feldhasen, Rehe und andere Beutetiere tummeln sich in dem Schlaraffenland. Sie gewinnen durch den im Sommer hochgewachsenen Weizen und Mais. Diese bedeuten nicht nur Nahrungsquelle, sondern auch *Deckung.*

AUF SOMMERFRISCHE IM ACKER

Wo sich Beutetiere aufhalten, ist der Rotfuchs nicht weit entfernt. Trotz Überflusses teilen Füchse ihre Beute nicht gerne mit anderen Tieren. Ergibt sich eine Gelegenheit, stehlensie sogar von Artgenossen. Haben sie ein Tier erlegt, fressen sie aber nicht alles auf einmal, sondern kehren immer wieder zu ihrem *Riss* zurück.

Im Spätfrühling und Anfang des Sommers ziehen die meisten Fuchsfamilien mit ihren *Welpen* in die Feldlandschaften. Die jungen Füchse sind ab August mutig genug, um selbstständig auf Erkundungstour zu gehen.

Jungfüchse trauen sich einen Monat nach der Geburt erstmals vor den Bau.

Wissenswertes

Die Sommermonate bieten den Wildtieren nicht nur viele Möglichkeiten, sich zwischen groß gewachsenen Halmen zu verstecken, sondern auch reichlich Nahrung.

Groß und Klein gewinnen durch die große Vielfalt an Äsungsmöglichkeiten im Hochsommer. Egal ob Raps, Weizen oder Mais, alles wird verspeist.

Diese Selbstständigkeit führt nach und nach zur Auflösung des Familienverbands. Die *Rüden* des *Wurfs* brechen auf, um eigene Reviere zu beanspruchen. Die weiblichen Tiere bleiben im heimischen Gebiet zurück, wenn das Revier der Mutter groß genug ist.

Obwohl sich die Väter des *Wurfes* teilweise an der Aufzucht beteiligen, indem sie die *Welpen* mit Beute versorgen, bleibt die meiste Arbeit an der Mutter, der *Fähe,* hängen.

OBDACHLOS IM FELD

Im Sommer ist nicht nur das Nahrungsangebot für Wildtiere am größten, sondern auch für den Menschen. Innerhalb kürzester Zeit wird ein Feld mithilfe von landwirtschaftlichen Maschinen bis auf den letzten Grashalm abgeerntet. Mit der Ernte beginnt daher für viele Wildtiere eine schwierige Zeit. Durch den Verlust von Obdach, Nahrungsquelle und Verstecken entsteht der *Ernteschock*.

Auf den nackten Feldern haben Fressfeinde und Beutegreifer nun ein leichtes Spiel. Den orientierungslosen Beutetieren wie Hase und

Brachflächen stellen für Wild einen überlebenswichtigen Zufluchtsort dar. Sie werden von der Jägerschaft und den Landwirten bereits im Frühling angelegt. Ein Feld „liegt brach", wenn einer Fläche nichts angebaut wird.

Fasan fehlt die nötige Deckung. Auch der plötzliche Verlust der Nahrungsquelle stellt für Wildtiere ein Problem dar. Sie müssen so schnell wie möglich einen neuen, sicheren Lebensraum finden.

Um den *Ernteschock* der Wildtiere zu mildern, sind unbewirtschaftete Grünflächen, sogenannte *Brachflächen,* sehr wichtig.
Das Wild kann von den kahlen Feldern darauf ausweichen, ohne den wirtschaftlichen Interessen des Menschen zum Opfer zu fallen. Zusätzlich finden die Wildtiere dort viele Insketen, Pflanzen und Körner.

Egal ob Tag oder Nacht: Beim Dreschen, wenn das Korn geerntet und vom Stroh getrennt wird, kennt die Landwirtschaft keine Tageszeit. Besteht am folgenden Tag Aussicht auf Regen, muss das Feld leer sein.

Viel zu gestalten

am UFER

In der Vergangenheit wurde der Biber wegen seines warmen Pelzes und seiner Beliebtheit als Fastengericht beinahe ausgerottet. Seit er geschützt ist, haben sich die *Bestände* erholt. Der vielseitige Pflanzenfresser ernährt sich von Rinde und Holz und im Sommer von Knollen, Wasserpflanzen und allem „Vegetarischen" am Ufer. Der Biber bleibt am liebsten in der Nähe seines direkten Lebensraums.

EIN CHAOTISCHER ARTENSCHÜTZER

Der ideale Lebensraum eines Bibers sind Flüsse und wasserreiche Landschaften. Diese verändert er nach Belieben. Was in unseren Augen wie Verwüstung aussieht, ist das Ergebnis seiner eifrigen Arbeit. Flussstaue und andere Kreationen nutzen wiederum Insekten und Fischen fürs Laichen. Auch Stockenten ziehen einen Nutzen aus abgestorbenen Baumstümpfen im *Biberrevier,* da sie diese für den Nestbau verwenden.

Auch Enten profitieren von der Arbeit der Biber. Ein abgestorbener Baumstumpf eignet sich hervorragend für den Nestbau.

Wissenswertes

Fühlt sich ein Biber wohl, gestaltet er, ohne Rücksicht auf Schäden, sein Biotop um. Manche Tiere haben einen Nutzen von seiner Arbeit und bilden mit ihm eine Gemeinschaft.

In den Sommermonaten ernähren sich Biber vor allem von Wasserpflanzen, Blättern und Zweigen. Auch einige Ackerfrüchte stehen auf dem Speiseplan, solange sie in Ufernähe zu finden sind.

Das große Feisten

im WALD

Für den Rothirsch ist der Sommer nicht nur die futterreichste Zeit des Jahres, sondern auch die sogenannte *Feistzeit.* Das bedeutet, dass *Hirsche* die nahrungsreiche Zeit nutzen, um besonders viel Fett, den *Feist,* aufzubauen. Diesen brauchen sie für die *Hirschbrunft,* die anstrengendste Zeit für *Rothirsche,* die Ende August beginnt.

VOM FETT UND VON FREUNDSCHAFTEN

Anders als *Rehböcke* sind *Hirsche* ihren männlichen Artgenossen gegenüber nicht aggressiv. Manchmal schließen sie sich in der *Feistzeit* auch zu kleinen *Rudeln* zusammen. Aber nur dann, wenn das Nahrungsangebot groß genug ist. Die *Einstände* der *Feisthirsche* liegen tief im Wald an besonders nahrungsreichen Stellen. Einstände sind die Orte im *Revier,* an denen sie viel Zeit verbringen, fressen und sich ausruhen. Wir Menschen sehen *Hirsche* im Sommer nur wenig, weil sie Fett aufbauen und sich auf die Nahrungsaufnahme konzentrieren.

In der Feistzeit leben die Rothirsche in perfekter Harmonie. Es gibt genügend Nahrung und alle verfolgen dasselbe Ziel: Feist aufbauen.

Wissenswertes

Die Brunft scheint in den heißen und stillen Sommertagen noch weit weg zu sein – aber die Körper der Hirsche bereiten sich bereits auf diese anstrengende Zeit im Herbst vor.

Das Geweih des Rothirschs ist bis zur Feistzeit voll ausgebildet. Es ist seit Abwurf des letzten Geweihs Ende Februar gewachsen.

Sommer

Kaum ein Säugetier ist so gut an die Stadt angepasst wie der Steinmarder. Er ist ein gutes Beispiel für einen *Kulturfolger.* So nennt man ein Tier, das absichtlich in der Nähe der Menschen lebt und in diesem „kultivierten" *Biotop* aufblüht. Dabei begegnet man dem Steinmarder in den seltensten Fällen persönlich. Nur Hinweise verraten seine Anwesenheit: ein Trappeln auf dem Dach zum Beispiel, ein blitzschneller Schatten oder durchgebissene Autokabel.

Willst du Steinmarder zu Gesicht bekommen, nutze die warmen Nächte von Juli bis August. In dieser Zeit findet die *Ranzzeit,* die Paarungszeit, der Steinmarder statt. Du erkennst ihre Aktivität auch an den Schäden an Häusern oder Autos, denn die männlichen Tiere, die *Rüden,* verteidigen ihre *Reviere* aggressiv. Der Geruch eines möglichen Konkurrenten lässt sie schon „rot“ sehen. Bei ihren Wutausbrüchen zerstören sie alles, an dem der Geruch des anderen Tiers haftet.

Mit den Weibchen gehen die Rüden aber friedlich um. Im Schutz der Dunkelheit sind die Marderpaare besonders aktiv. Sie jagen sich spielerisch hinterher. Wenn du bei geöffnetem Fenster schläfst, hast du vielleicht eine Chance, sie bei ihrem Spiel zu belauschen. Denn das Jagdspiel wird lautstark untermalt. In der Jagdsprache werden diese Laute *Fauchen* und *Kreischen* genannt.

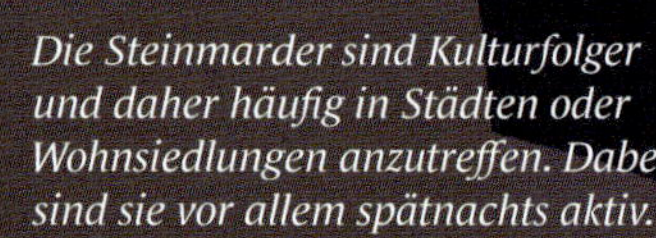

Die Steinmarder sind Kulturfolger und daher häufig in Städten oder Wohnsiedlungen anzutreffen. Dabei sind sie vor allem spätnachts aktiv.

Wissenswertes

Die an die Großstadtfauna perfekt angepassten Steinmarder sind im Sommer besonders aktiv. Zwischen Juli und August findet die Ranz statt.

Sommer

Hitzewellen halten im Sommer oft mehrere Tage lang an. Wasser wird dadurch sehr knapp und wertvoll. Wasservorräte verdunsten, besonders wenn es länger nicht regnet.

Natürliche Wasserquellen wie Teiche trocknen aus. Wildtiere sind durch Wassermangel massiv bedroht.

NOT MACHT ERFINDERISCH

Finden Wildtiere in schlimmen Trockenzeiten kein Wasser, schälen sie vermehrt die saftige Rinde von Bäumen ab. Besonders *Rotwild,* Feldhasen, *Reh-* und *Gamswild* machen sich an der saftigen Rinde zu schaffen. Dadurch wird der Baum verletzt. Die abgeschälte Stelle

ist eine Wunde und wird überwuchert. Für den Baum ist das gefährlich, da Pilze und Krankheitserreger leichter in den Stamm eindringen und ihn krank machen können.

NUR IM NOTFALL

Diese *Schälschäden* an Bäumen entstehen nur im Notfall: in einer sommerlichen Dürre zum Beispiel oder auch im Winter, wenn nicht genügend Nahrungsangebot für die Tiere vorhanden ist. Deshalb stellt die Jägerschaft Tränke auf und füttert zusätzlich. So können sie die Tiere davon abhalten, Schäden an den Bäumen zu verursachen.

DIE SCHÄLENDEN ÜBELTÄTER

Das Rotwild

Der Feldhase

Uns Menschen schützen Insketensprays, Sonnencreme oder das Tragen eines Sonnenhuts vor den Anstrengungen des Sommers. Wildtiere hingegen haben eine eigene Methode entwickelt: Sie *suhlen* sich. Das bedeutet, sie legen sich in eine mit Schlamm gefüllte Mulde, die *Suhle.*

WER NICHT SCHWITZEN KANN, DER SUHLT SICH

Die *Suhle* kühlt *Schwarz-* und *Rotwild* ab, hat aber noch weitere Aufgaben. Die Schlammschicht schützt vor lästigen Insektenbissen und lindert bei einem Stich den Juckreiz.

Wildschweine reiben ihr frisch *gesuhltes* Fell, die *Schwarte,* an Bäumen. Beim Reiben bleiben abgestorbene Haut, Haare und getrockneter Schlamm an der Rinde kleben. Man nennt diese Bäume *Malbäume* und du kannst sie oft bei Wanderungen im Wald erkennen.

Nicht alle heimischen Wildtierarten machen von einem Schlammbad Gebrauch. Wildschweine und *Rotwild* sind die einzigen Gäste, die regelmäßig an ein Schlammloch kommen, um sich zu suhlen. Genug freie *Suhlen* sind sogar ein Grund für den Wohnort. Trocknen diese aus, ziehen die Tiere in andere Gebiete um.

DER BETÖRENDE DUFT DER MÄNNLICHKEIT

Rothirsche nutzen in der *Feistzeit Suhlen* zur Vorbereitung auf die Paarung, die *Brunft.* Anders als Wildschweine, die vor allem ihre *Schwarte* in die nasse Erde tunken, tauchen Rothirsche von Haupt bis Huf in die Schlammbrühe ein. Das *Suhl*-Erlebnis verfeinern sie manchmal gern mit etwas Urin, um für die *Hirschtiere,* das weibliche *Rotwild,* besonders gut zu riechen.

Ein Dreckspatz: Die von Haupt bis Huf vollbrachte Schlamm-dusche schützt die Waldbewohner nicht nur vor Insektenbissen, sondern bietet auch Abkühlung.

Wissenswertes

Mitten im Wald gibt es „Wellnessoasen“. Wildschweine und Rothirsche sind dort regelmäßige Gäste und verfeinern ihre Abkühlung mit dem ein oder anderen Trick!

In der Jagdsprache heißen Hufe Schalen. Deshalb sind Wildtiere mit Hufen Schalenwild.

Zu Gast im Reich der Wildtiere

im GEBIRGE

Wir Menschen verbringen gerne unsere Freizeit in der Natur. Dabei vergessen wir manchmal, dass wir uns mitten im Zuhause heimischer Wildtiere befinden. Besonders die Berge sind die Heimat vieler verschiedener Tierarten und seltener Pflanzen. Um die empfindliche Flora und Fauna (Pflanzen- und Tierwelt) zu schützen, ist ein respektvolles Verhalten in der Natur wichtig.

Leider gibt es immer wieder Wanderurlauber, die sich von den Wegen entfernen und mitten in den Bestand marschieren. Das verursacht Stress bei den Wildtieren und drängt sie weiter ab.

Der Wandertourismus verursacht heimischen Wildtieren Stress. Durch rücksichtsvolles Verhalten können Mensch und Tier nebeneinander leben.

PSSSSSSSST!

Manchmal sieht es so aus, als wärst du in der Natur allein. In Wirklichkeit aber schlummert an jeder Ecke das Leben. Deshalb nimm Rücksicht, auch wenn du keine Tiere siehst. Lärm ist ein großer Störfaktor für unsere Wildtierfauna. Laute Musik und Gekreische solltest du deshalb zu den Ruhezeiten des Wildes vermeiden. Das ist in der Dämmerung und der Nacht.

FOLGE DEN PFADEN

Die Wanderwege führen dich sicher an dein Ziel. Sie schützen aber auch die Tiere. Diese gewöhnen sich an die vielen Menschen und Autos auf den Straßen, Wanderwegen und Skipisten. Wenn du den Weg verlässt, kann dich das mitten in den Bestand führen.

Du tappst dann in eine Wild-Ruhezone. Das bedeutet für die Tiere Stress, da sie dort nicht mit Gefahr rechnen. Durch eine gute Planung kannst du das bei deiner Wanderung leicht verhindern.

Wissenswertes

Da immer mehr Menschen ihre Freizeit in der Natur verbringen, steigt die Verschmutzung. Diese kann das ökologische Gleichgewicht durcheinanderbringen.

Etwas so Kleines wie ein Zigarettenstummel braucht sieben Jahre, um zu verrotten. Dabei gelangen die im Stummel enthaltenen Gifte in den Erdboden.

ALLES, WAS ICH MITBRINGE, NEHME ICH AUCH WIEDER MIT

Leider wird immer noch viel Abfall und Plastikmüll in den Bergen liegen gelassen. Das bedeutet für die Umwelt mehrere Probleme. Einerseits können sich neugierige Wildtiere an den Müllteilen verletzten. Andererseits dringt das Plastik in Form von Mikroplastik in die Erde ein und behindert das Wachstum der Pflanzen. Folgende Tricks helfen dir, beim Wandern und Sport in der Natur Müll zu vermeiden: Statt Getränke aus dem Supermarkt zu verwenden, bring doch eine Trinkflasche von Zuhause mit, die du wieder befüllen kannst. Für die Jause pack dein Brot in eine Jausenbox, statt es in Stanniolpapier zu wickeln. Falls du trotzdem eine leere Verpackung hast, zum Beispiel von einer Süßigkeit, dann nimm sie bitte mit nach Hause und wirf sie dort weg. (Auf Mülltrennung achten!) Das gilt auch für Obstschalen, zum Beispiel von Bananen. Diese sind zwar natürlichen Ursprungs, gehören aber trotzdem in die Biotonne statt in die Natur. Wenn du Müll in der Natur findest, nimm ihn bitte mit, auch wenn er dir nicht gehört. Die Tiere und die Umwelt werden es dir danken.

Ein Freibad für Singvögel

im GARTEN

Um der Sommersonne zu entfliehen, sind Singvögel in der heißen Jahreszeit auf der Suche nach Erfrischung. In der Nähe von Städten gestaltet sich die Suche nach solchen Oasen schwieriger, als du denkst. Durch die starke Sonneneinstrahlung verdunsten viele Wasserquellen.

DIE BALKONOASE

Baue ein Freibad für deine gefiederten Freunde. Dafür brauchst du einen Blumentopf oder einer Abtropftasse, eine recycelte PET-Flasche, am besten mit einem flachen Boden, und eine Schere. Damit kannst du ganz einfach eine Vogeltränke basteln. Diese selbst gemachte Vogeltränke trocknet durch die heiße Sonneneinstrahlung nicht so schnell aus. Die Plastikflasche dient dabei als Wassertank, den du mit einem Trichter von oben wieder befüllen kannst.

SO GELINGT'S

Wasche die Flasche aus und stelle sie auf die Abtropftasse oder in den Blumentopf. Markiere die Stelle auf der Flasche, an der sich später der Wasserspiegel befinden soll.

Je tiefer die Abtropftasse oder der Blumentopf, desto besser. Dann befüll sowohl den neuen Wassertank deiner Oase als auch den Blumentopf mit Wasser. Schraube den Deckel gut zu und schneide die Flasche an der markierten Stelle ein. Du kannst auch Löcher in das Plastik piksen, damit das Wasser später entweichen kann. Jetzt stelle den Tank auf die Abtropftasse. Et voilà! Deine Balkonoase ist fertig.

Sei nicht enttäuscht, wenn sich die Vogelscharen nicht sofort auf dein Freibad stürzen. Deine zukünftigen Gäste müssen erst Vertrauen fassen und deine Kreation kennenlernen. Mit ein wenig Geduld kannst du bald glückliche Vögel beim Planschen beobachten.

Mit einem Trichter oder einer Kanne kann der Wassertank regelmäßig aufgefüllt werden, wenn die Vögel das Bad erst mal für sich entdeckt haben.

Mit dieser selbst gemachten Vogeltränke rettest du nicht nur überhitzte und durstige Vögel in deiner Umgebung, sondern schenkst einer alten Plastikflasche ein neues Leben.

Für den Wassertank eignet sich besonders eine PET-Flasche mit flachem Boden.

Die eingeschnittene oder eingepikste Öffnung muss unter Wasser sein.

Herbst

Ende September stellen sich Wildtiere auf den Winter ein. Das Fell wird dichter, Fettdepots werden aufgestockt und Vorräte angelegt. Auch Pflanzen begeben sich langsam in die Ruhepause und zeigen zum letzten Mal im Jahreskreislauf ihre Schönheit.

Die Sommerkleidung wird verstaut

auf WIESEN UND FELDERN

Mit den sinkenden Temperaturen ändert sich die *Decke,* das Fell der Wildtiere. Im Herbst färbt sich die rote *Sommerdecke* des *Rehwilds* grau-braun und wird zu einem dichten Winterkleid. Dadurch sind die Tiere in der kahlen Herbst- und Winterlandschaft schwer zu entdecken und auch noch warm angezogen.

NEUES JAHR, NEUES ICH

Zwischen Oktober und Dezember werfen die männlichen Tiere, die *Rehböcke*, ihr *Geweih* ab. Grund dafür ist der sinkende Testosteronspiegel nach der vollzogenen *Brunft.* Er sorgt dafür, dass sich der *Geweihknochen* vom *Haupt* des Tieres ablöst.

Die *Böcke* müssen aber nicht für immer auf ihr *Geweih* verzichten. Nach dem erfolgreichen *Abwurf* wird ein neues Geweih *geschoben,* das bedeutet gebildet. Starke *Bockkitze*, die erst im Frühling geboren wurden, können im Herbst ebenfalls erste *Geweihanlagen* abwerfen.

HARTE BEDINGUNGEN FÜR DIE NEUE FRISUR

Anders als du vielleicht denkst, erkennt man an der Größe eines *Geweihs* nicht das Alter eines *Bocks,* sondern ob dieser gesund und kräftig ist.

Die Gesundheit und Stärke der Tiere ist direkt an die Lebensbedingungen ihres *Biotops* geknüpft. Je mehr *Äsungsangebot,* also Nahrung, dem *Bock* zur Verfügung steht, desto mehr Energie kann er in das *Geweihwachstum* stecken. Jede körperliche Erschwernis wie zum Beispiel Krankheiten können das *Geweihwachstum* hemmen.

Im Gegensatz zu Geweihträgern kann man bei Hornträgern, beispielsweise Gämsen, das Alter sehr gut an ihrer Trophäe ablesen. Wie bei einem Baum bildet sich mit jedem Lebensjahr ein Altersring um die Hörner der Tiere.

Wissenswertes

Der Fasan macht es sich kurz vor Sonnen-untergang auf einem Baum gemütlich. Seine Schlafenszeit kündigt er mit einem lauten Ruf an.

Herbst

Fasane besitzen ein festes Abendritual. Kurz vor Sonnenuntergang begeben sich die *Glattfußhühner* zu ihrem Schlafplatz, der sich auf einem Baum befindet. Dieser Vorgang wird *Aufbäumen* genannt und von lauten Rufen begleitet. Nachdem es sich der *Fasanhahn* auf einem Ast gemütlich gemacht hat, stößt er weitere leisere Rufe aus.

BALANCEKÜNSTLER

Wie schafft es der Fasan beim, Schlafen nicht von seinem Schlafbaum zu fallen? Vögel haben einen Greifreflex. Sobald sie sich auf einen Ast setzen, spannt sich eine Sehne in den Beinen an, die die Krallen zusammenzieht. So sitzt der Vogel immer fest im Sattel, egal ob in wachem oder schlafendem Zustand.

ENDE DER SOMMERPAUSE

Über den Sommer verstummt teilweise der abendliche Ruf der Fasane. Grund dafür ist die *Mauser.* Dabei handelt es sich um einen kompletten Federwechsel. Das Gefieder wird bis auf die letzte *Daune* ersetzt. Das kostet viel Energie und führt zu teilweisem Verstummen der *Hähne* oder einem leiseren Abendritual. Anders als beispielsweise Enten bleiben Fasane trotz *Mauser* flugfähig. Im Herbst ist das Gefieder dann so gut wie neu und der Fasan ist wieder in seiner vollen Lautstärke zu hören. Jetzt ist der richtige Moment für dich, den Fasanenruf selbst mitzuerleben. Sehen kannst du die *Glattfußhühner* beim *Aufbäumen* zwar nicht, aber wunderbar hören, wenn du kurz vor Sonnenuntergang auf einem Feldweg spazieren gehst.

Herbst

Mit ihren kräftigen Zähnen können Hasen und Wildkaninchen unterschiedlich feste Nahrung zerbeißen.

Den Vertretern der *hasenartigen* Wildtiere wächst im Herbst ein dickes Winterfell. Sie sehen dadurch wesentlich runder aus. Außerdem nutzen Feldhasen und Wildkaninchen die Zeit, um sich den lebensnotwendigen Winterspeck anzufressen. Auch sie wollen den bevorstehenden Winter wohlbehalten überstehen.

AUF DEN ZAHN GEFÜHLT

Mit dem Herbst und den kühleren Temperaturen wird das gewohnte Nahrungsangebot weniger. Die frischen Knospen sind verblüht und die Äcker werden allmählich eingewintert. Nun zeigt sich, wie nützlich das Gebiss der *hasenartigen* Tiere ist. In dieser Zeit stehen neben den Grünpflanzen zunehmend auch harte Samen, Wurzeln und Rinde auf dem Speiseplan – keine Schwierigkeit für den muskulösen Kiefer der Feldhasen und Wildkaninchen.

Die Nährstoffe der Samen sind für die Hasenartigen sehr wichtig, um sich auf den Winter vorzubereiten.

Bei einem direkten Vergleich können heimische Krähen leicht von Saatkrähen unterschieden werden. Saatkrähen besitzen einen hellen Schnabel und ihr Gefieder schimmert bläulich.

Herbst

Krähen sind Boten des Herbstes. Ab Oktober sind besonders viele von ihnen auf den Feldern und in den Städten unterwegs. Doch schau genau hin, manche Krähen sehen anders aus als unsere heimischen Arten. Bei ihnen handelt es sich um Gäste aus Osteuropa, die Saatkrähen. Sie sind *Zugvögel* und verbringen die Herbst- und Winterzeit in unseren Breiten.

EIN SCHLECHTER RUF

Die intelligenten *Rabenvögel* gelten in vielen Kulturen als Todesboten. Grund dafür ist, dass unsere heimischen Krähenarten, die Nebelkrähe und die Rabenkrähe, *Aasfresser* sind und die Eier anderer Vögel plündern. Ganz im Gegenteil zu den Saatkrähen. Diese ernähren sich fast ausschließlich vegetarisch.

VERWANDTE KANN MAN SICH NICHT AUSSUCHEN

Krähen sind soziale Tiere. So gesellen sich Saatkrähen während ihres Aufenthalts in Österreich zu ihren heimischen Verwandten. Wenn du genau hinsiehst, kannst du die *Zugvögel* leicht von den heimischen *Rabenvögeln* unterscheiden. Sie tragen zwar auch ein dunkles Gefieder, allerdings mit einem sanften Blauschimmer. Saatkrähen sind Vegetarier mit einer Schwäche für Insekten. Sie leisten während ihres Aufenthalts einen Beitrag zur Schädlingsbegrenzung. Mit Frühlingsbeginn ziehen sie ostwärts zu ihren Brutgebieten.

Saatkrähe

Rabenkrähe

Nebelkrähe

Wissenswertes

Im Herbst geht die Arbeit der Biber los. Sie sammeln einen Vorrat an Ästen und Hölzern, der ihr Überleben im Winter sichert.

Ein Biber im Revier kann besonders für Forstwirte zum Ärgernis werden. Biber richten für ihren Vorrat große Schäden an.

Mastermind mit Zähnen

am UFER

Im Herbst machen die Biber von ihren robusten Schneidezähnen Gebrauch. Wie Feldhasen und Kaninchen konzentrieren sich jetzt auch die Uferbewohner auf härtere Nahrung. Obwohl der Biber über ein sehr dichtes Fell und einen gedrungenen Körperbau verfügt, frisst er sich im Herbst eine Fettschicht an. Diese schützt ihn vor den kalten Temperaturen.

EINDEUTIGE SPUREN

Nennt ein Biber ein *Biotop* sein Zuhause, findest du seine Bissspuren entlang des Ufers. Er knabbert einen Baum nach dem anderen an. Die Bissspuren führen um den Baumstamm herum, sodass der Umfang des Stammes verkleinert wird. Auch Zahnabdrücke sind im Holz zu erkennen. Nur selten fällen Biber ihre angenagten Bäume selbst. Zu groß ist das Risiko, dabei erschlagen zu werden. Sie warten lieber auf den nächsten Sturm, der die Arbeit für sie erledigt.

EINE VORRATSKAMMER UNTER EIS

Da der Biber weder *Winterschlaf* noch *Winterruhe* hält, setzt er auf eine Vorratskammer, um über den Winter zu kommen. Dabei baut der emsige Baumeister Biberdämme oder Nahrungsflöße. Selbst wenn die Wasseroberfläche im Winter zufriert, kann er durch seine Konstruktion den Vorrat aus gesammelten Ästen unter dem Eis erreichen und davon naschen.

Biber können im Herbst ein Höchstgewicht von 30 Kilo erreichen. Unter ihrem warmen Fell befindet sich eine sehr dicke Fettschicht, die im Herbst ordentlich angefüttert wird.

Richtiges Verhalten

Ein Platzhirsch ist umringt von einem Harem aus brunftigen Tieren. Je stärker der Brunfthirsch, desto größer sein Harem und damit sein Fortpflanzungserfolg.

Das Röhren des Waldkönigs

Im Herbst startet für das *Rotwild* die langersehnte Paarungszeit, die *Hirschbrunft.* Dafür ziehen die Hirsche von den *Feistplätzen* zu den *Brunftplätzen*. Diese liegen tief im Wald, auf lichten Flächen mitten im *Bestand.*

Jetzt werden die im Sommer angelegten Fettreserven der *Feistzeit* aufgebraucht. Während der Paarungszeit selbst nimmt der *Hirsch* nur noch wenig Nahrung zu sich. Seine gesamte Aufmerksamkeit gilt dem weiblichen *Rotwild*, den *Hirschtieren.*

LIEBE ÜBER FREUNDSCHAFT

Die im Sommer in Frieden lebenden männlichen Tiere werden im Herbst zu Konkurrenten. Je kräftiger ein *Hirsch* ist, desto besser stehen seine Chancen, erfolgreich an der *Brunft* teilzunehmen. Jener *Hirsch*, der den *Brunftplatz* beherrscht, wird *Platzhirsch* genannt. Oft schart er einen *Harem* an weiblichen *Tieren* um sich. Manche *Platzhirsche* dulden einen schwächeren *Beihirsch* an ihrer Seite. Dadurch können auch diese an der *Brunft* teilnehmen.

DAS MÄCHTIGE RÖHREN

Mit dem *Röhren* kann die Kraft der *Hirsche* schon aus der Ferne gemessen werden. Je tiefer und leidenschaftlicher die Stimme ist, desto stärker ist das *röhrende* Tier.

Der Höhepunkt der Paarungszeit, die *Hochbrunft,* ist erreicht, wenn die meisten *Hirschtiere brunftig,* also paarungsbereit sind. Dann kämpfen die *Hirsche* um ihre Gunst. In den frühen Morgenstunden und kurz vor Sonnenuntergang kannst du mit etwas Glück das mächtige *Röhren* des *Brunfthirsches* durch den Wald hallen hören. Bei kühlem und feuchtem Wetter stehen die Chancen besser.

DER LETZTE AUSWEG

Schafft es der *Platzhirsch* nicht, einen Gegner mit seinem *Röhren* einzuschüchtern, versucht er, ihn mit weiteren Drohgebärden in die Flucht zu schlagen. Hat er damit immer noch keinen Erfolg, laufen die beiden *Hirsche* nebeneinander auf und ab. Sie schätzen sich gegenseitig ein. Wenn keiner aufgibt, kommt es zum Zweikampf. Dieser wird allerdings mit allen Mitteln vermieden. Deshalb kommt es selten zu ernsthaften Verletzungen, die beim sogenannten *Forkeln,* dem Kampf mit den *Geweihen,* entstehen.

„Möge der Stärkere gewinnen!". Hirsche liefern sich mit Nebenbuhlern manchmal tödliche Kämpfe um den Posten des Platzhirsches. Allerdings nur dann, wenn keiner nachgibt.

Richtiges Verhalten

Am besten hörst du das Röhren der Hirsche bei kaltem, klarem Wetter. Am besten bleibst du in sicherer Entferung.

IN DER RUHE LIEGT DIE KRAFT

Rotwild fühlt sich in den *Einständen* normalerweise sicher und geschützt. Es kommt immer zu den vertrauten *Brunft-* und *Aufzuchtplätzen* zurück. Werden die Tiere dort gestresst, reagieren sie sensibel.

Verhalte dich daher respektvoll und ruhig. Ganz besonders während der *Brunft* und im Frühjahr, wenn sie den Nachwuchs aufziehen. Zu diesen Zeiten sind Störungen ganz besonders schlecht. Sonst verlieren die Tiere vielleicht ihr Vertrauen in diese Plätze und wandern aus ihrem *Biotop* ab.

Um das Herz einer Bache zu gewinnen, muss sich der Keiler eventuell einem Konkurrenten stellen. Dabei kommen seine Waffen, die rundgewachsenen Eckzähne des Keilers, zum Einsatz.

Wildschweine leben in einer Gemeinschaft zusammen, der *Wildschweinrotte.* Chefin ist die *Leitbache,* die immer den Ton angibt. Sie entscheidet, wohin die Reise geht, wann, wo und auch was gefressen wird. Ab November findet die *Rauschzeit* statt, die Paarungszeit der Wildschweine.

Sogar jetzt gibt die *Leitbache* vor, wann alle *Bachen rauschig,* also paarungsbereit sind. Ist die Leitbache bereit, ist es ihr Gefolge automatisch auch. Dieses Phänomen nennt man *Synchronrauschigkeit.*

BORSTIGE GEFAHRENQUELLE

Keiler, das sind männliche Wildschweine, schließen sich nur in der *Rauschzeit* der *Rotte* an. Treffen zwei männliche Tiere während dieser Zeit aufeinander, kommt es zum Kampf. Außerhalb der *Rauschzeit* leben sie als Einzelgänger.
Da die *Bachen* von November bis Jänner *synchronrauschig* werden können, musst du in dieser Zeit besonders vorsichtig sein. Bist du im Wald unterwegs, halte deinen Hund an der Leine. Sonst läuft er Gefahr, einem territorialen Wildschwein über den Weg zu laufen.

Sehen und gesehen werden

im GEBIRGE

Wenn du zwischen Oktober und November für eine letzte Wandertour mit deiner Familie in die Berge aufbrichst, solltest du unbedingt einen Feldstecher einpacken. Damit kannst du die Gämsen bei der *Brunft* beobachten. Besonders die *Gamsböcke* versuchen, sich in dieser Zeit von ihrer besten Seite zu zeigen.

ERST DIE LAGE PRÜFEN

Schon vor *Brunftbeginn* kundschaften die *Gamsböcke* ihre Konkurrenz aus. In der Hoffnung, von anderen gesehen zu werden, wollen *Böcke* bereits im Voraus zeigen, wie stark und mächtig sie sind. Dafür stellen sie sich an eine gut sichtbare Stelle.

Der Bock sondert Duftstoffe durch Drüsen ab, die man Brunftfeigen nennt. Sie befinden sich zwischen den Krucken, den Hörnern, und den Lauschern, den Ohren.

Um größer auszusehen, haben *Gamsböcke* einen *Gamsbart.* Dieser besteht aus verlängerten Haaren entlang des Rückens, die der Bock aufstellen kann.

KRÄFTEZEHRENDES UNTERFANGEN

Wie für *Rothirsche* ist auch für *Gamsböcke* die *Brunft* sehr anstrengend. Sie brauchen viel Kraft für die Verteidigung ihres Territoriums. Während der Paarungszeit vertragen sich *Böcke* nicht. Kommt einer dem anderen in die Quere, wird er sofort verjagt. Dabei sind es häufig die jüngeren Tiere, die von den *Brunftplätzen* vertrieben werden.

Obwohl *Gämsen* bereits mit zwei oder drei Jahren geschlechtsreif werden, schaffen es die männlichen Tiere erst ab fünf Jahren, an der *Brunft* teilzunehmen. Sie haben einfach zu wenig Erfahrung. Die älteren *Böcke* schaffen es ganz leicht, sie von den *brunftigen Geißen* fernzuhalten und aus ihrem Territorium zu jagen.

DIE WÄHLERISCHE GEISS

Die Stärke des *Platzbocks* allein überzeugt eine *Geiß* nicht. Er muss sie mit dem *Blädern,* dem Paarungsruf, und dem Absondern von Harn und anderen Duftstoffen überzeugen. Dafür hat er wenig Zeit, denn eine *Geiß* ist nur ein bis zwei Tage hintereinander in der *Hitze,* also fruchtbar. Erst wenn ihr der *Gamsbock* genügend Aufmerksamkeit geschenkt hat, erlaubt sie ihm näheren Körperkontakt. Für den *Platzbock* ist das eine stressige Angelegenheit, denn er muss sich um jede einzelne *brunftige Geiß* kümmern, die in seinem *Revier* lebt.

Ein „Haufen" Artenvielfalt

im **GARTEN**

Wenn die Blätter und die Temperaturen fallen, beginnen die Menschen, ihren Garten auf den Winter vorzubereiten. Sie wintern Gemüsebeete ein und sammeln abgefallene Äste auf. Das bunte Herbstlaub wird zu einem Haufen zusammengerecht und dann ab damit in die Biotonne. Doch was passiert, wenn das zusammengerechte Laub einfach liegen bleibt?

DAS LEBEN EINES LAUBHAUFENS

Wenn die Blätter zusammengetragen und vom Regen feucht werden, beginnt der Haufen nach einigen Wochen zu verrotten. Pilze und Bakterien spielen beim folgenden Zerfallsprozess eine große Rolle. Bis das Laub aber zu Erde wird, dauert es einige Jahre. In der Zwischenzeit bietet es einer Vielzahl von Tier- und Insektenarten Futterquelle und Unterschlupf.

MULTIFUNKTIONSANLAGE

Im Winter werden die vielen Nischen des Laubhaufens von Insekten als Unterschlupf genutzt. Das zieht wiederum insektenfressende Tiere wie Igel und Vögel an, für die die Insektenvielfalt eine zuverlässige Nahrungsquelle darstellt.

Im Inneren des Laubhaufens entsteht durch den Verrottungsprozess Wärme. Der Igel benutzt ihn daher gerne als Unterschlupf für seinen bald beginnenden *Winterschlaf.* Davor frisst er sich noch kräftig an den vorhandenen Insekten und Würmern satt. Aber nicht nur Tiere profitieren von Blätterhaufen. Das verrottende Laub düngt Pflanzen und Boden und bildet eine Schutzschicht vor der Kälte.

Damit der Blätterhaufen nicht nach dem ersten Windhauch weggeweht wird, kannst du ihn mit ein paar herumliegenden Ästen beschweren.

Wissenswertes

Ein Laubhaufen ist Lebensort für eine Vielfalt von Tieren, Insekten und Pflanzen.

Anstatt die herbstliche Biomasse wegzuwerfen, kannst du damit die Artenvielfalt in deinem Garten auf eine einfache Art und Weise stärken.

Winter

Ende Dezember beginnt die Ruhephase der Natur: der Winter. Jetzt gibt es wenig Futter. In dieser Zeit müssen sich Wildtiere ihre Energie gut einteilen. Obwohl die ruhende Natur einen verlassenen Eindruck macht, steckt bereits der Samen des Neubeginns in ihr. Die Winterzeit endet Anfang April und öffnet die Tür zum Frühling. Dann beginnt der Jahreskreislauf von vorne.

Klein, aber oho

auf WIESEN UND FELDERN

Auf Wiesen und Feldern scheint im Winter Ruhe eingekehrt zu sein. Die Äcker *liegen brach* und ab und zu unter einer Schneedecke begraben. Doch wenn du genau hinsiehst, entdeckst du im Schnee Hasen oder Kaninchenspuren. Die Vertreter der *Hasenartigen* machen keine *Winterruhe* und halten keinen *Winterschlaf.* Sie sind auch während der kältesten Zeit im Jahr aktiv. Besonders im Schutz der Dunkelheit.

BAU ODER SASSE?

Am Tag ziehen sich Kaninchen gern in ihren gemütlichen *Bau* zurück. Währenddessen bleiben ihre Verwandten, die Feldhasen, lieber an der Erdoberfläche. Sie sind hart im Nehmen, vertrauen auf ihr Fell, nicht nur als Tarnung, sondern auch als Schutz vor der Kälte. Sitzen sie in der *Sasse,* einer Liegeposition, in der sich Feldhasen besonders sicher fühlen, sind sie kaum zu erkennen. Dabei ducken sie sich und pressen ihre *Löffel,* die Ohren, und ihre *Läufe,* die Beine, ganz fest an den Körper. So können sie ihre Körperwärme noch besser speichern.

Trotz ihres warmen Baus findest du Wildkaninchen in der kalten Zeit auch auf den Feldern. Besonders aktiv sind sie nach Einbruch der Dunkelheit, manchmal aber kannst du sie auch tagsüber sehen.

Wissenswertes

Hasen und Kaninchen sind dank ihrer Fettreserven und ihres Fells bestens vor der Kälte im Winter geschützt. Ob Bau oder Sasse – jeder hat eine eigene Überlebensstrategie.

Die Sassse ist die Liegeposition der Feldhasen, wenn sie nicht entdeckt werden möchten.

Winter

Während der Winter für die meisten Wildtierarten eine ruhige Zeit ist, in der sie Energie sparen, geht es bei den Rotfüchsen von Dezember bis Februar rund. In dieser Zeit paaren sie sich. Man nennt dies *Ranzzeit.*

DER EINSAME WANDERER

Füchse sind Einzelgänger, obwohl sie als Vertreter der Familie der *Hundeartigen* auch soziale Beziehungen eingehen können. *Rüden* trennen sich schnell von ihrer Mutter und ihren Geschwistern, ihrem *Geheck,* um ein eigenes *Revier* zu suchen. Dabei laufen sie weite Strecken. Hat jedoch die Paarungszeit, die *Ranz,* begonnen, versuchen sie, eine *hitzige Fähe,* also eine paarungsbereite Füchsin, zu finden und sich mit ihr ein Revier zu teilen. Ihre Füchsin verteidigen die Rüden vor allen möglichen Konkurrenten.

VOM KAUZEN UND KECKERN

Eine paarungsbereite *Fähe* gibt einen Duft ab, um *Rüden* auf sich aufmerksam zu machen. Dieser Duft stammt aus der *Viole,* einer kleinen Drüse oberhalb des Schweifs. Außerdem geben sich Füchse durch bestimmte Laute zu erkennen. Man nennt diese *Kauzen* und *Keckern* und sie klingen so ähnlich wie das Bellen eines Hundes.

Wenn du spät am Abend spazieren gehst und ein merkwürdiges Bellen hörst, könnte das ein Fuchs bei der Partnersuche sein.

Damit eine Fähe einen Rüden nicht als Gefahr wahrnimmt, muss er ihr Vertrauen gewinnen. Erst dann legt sie ihre Abwehrhaltung ab und lässt sich von ihm umgarnen. Ähnlich wie gewöhnliche Hauskatzen machen Füchse bei Erregung oder Gefahr einen Buckel.

Wissenswertes

Rotfüchse tragen im Winter den prächtigen *Winterbalg,* also ich dickes Winterfell, und sind in Paarungsstimmung. Für eine Füchsin ist dem Fuchsrüden kein Weg zu weit.

Fettpolster wärmen nur bis zu einem gewissen Grad. Deshalb kuscheln sich Tiere in der Gruppe aneinander. Das hält sie warm.

Wissenswertes

Wildtiere wissen, dass sie in einer Gruppe besser geschützt sind. Im Winter bilden sie daher eine Vielzahl von Zweckgemeinschaften.

Viele Beutetiere nutzen im Winter den Schutz der Gruppe und schließen sich mit ihren Artgenossen zusammen.

SPRÜNGE, SCHOFE UND ANDERE GEMEINSCHAFTEN

Zum Beispiel das *Rehwild.* Dieses bildet sogenannte *Wintersprünge.* Du kannst sie besonders gut auf den kahlen Feldern beobachten. Manchmal bestehen die *Sprünge* aus Hunderten von Tieren. Rehe, die im Wald leben, bilden normalerweise keinen *Wintersprung,* denn die vielen Bäume bieten ihnen genug *Deckung,* also Schutz vor Feinden.

Fasane überwintern manchmal nach Geschlechtern getrennt, aber ebenfalls in Gruppen. Ringeltauben schließen sich in manchen Regionen zu großen *Schwärmen* zusammen. Ist ihnen zu kalt, ziehen sie als *Zugvögel* über den Winter in wärmere Gebiete um.

Auch Stockenten schließen sich zusammen, allerdings das ganze Jahr über und nicht nur im Winter. Diesen Zusammenschluss nennt man *Schofe.* (Ausnahme: Während der *Brutzeit* im Frühling verlässt der Erpel Ente und Küken, um auf *Mauserzug* zu gehen.)

Gruppen im Winter zu bilden macht Sinn. Die Tiere können sich über Körperkontakt gegenseitig wärmen und sind gemeinsam stärker gegen einen möglichen Feind. Das schützt sie, denn Wildtiere können im Winter nicht so schnell reagieren wie in wärmeren Jahreszeiten. Im Frühling lösen sich die Gruppen dann wieder auf.

Eine Brotkrume zu viel

am UFER

Beachte, dass du wildlebende Tiere niemals füttern sollst. Das gilt auch für Enten, die sich in Wassernähe aufhalten und um Futter betteln. Sie tun das nicht, weil sie Hunger haben, sondern weil sie gelernt haben, dass sie von manchen Menschen Futter bekommen.

DIE KRANKMACHER

Auch wenn sie gut gemeint ist: Menschliche Nahrung macht Tiere krank. Besonders altes Brot oder Speiseabfälle sollten auf gar keinen Fall mit Tierfutter verwechselt werden. Speisereste sind für Tiere schwer zu verdauen und können Schmerzen im Magen verursachen. Enten und andere Wildtiere sind daran angepasst, auch in der nahrungsärmsten Jahreszeit Futter zu finden und so zu überleben. Selbst zugefrorene Gewässer stellen für sie kein Hindernis dar. Nicht einmal dann, wenn sie „barfuß" auf der Eisdecke herumwatscheln.

MIT MASS UND ZIEL

Kannst du dem bettelnden Blick der *Schwimmvögel* trotzdem nicht widerstehen, füttere frisches Getreide und Obststückchen, aber nur so viel, dass alles von den Tieren aufgefressen wird. Sinkt die Nahrung auf den Grund des Wassers, kann die Wasserqualität kippen und die Gesundheit der im Wasser lebenden Tiere bedrohen.

Richtiges Verhalten

Enten sind sehr gut an den menschlichen Kulturraum angepasst. Lass ihnen ihre Selbstständigkeit und füttere sie nicht zum Vergnügen.

Die Beine der Ente, in der Jägersprache Ruder, sind gut durchblutet. Doch in ihnen fließt nur kaltes Blut. So wird verhindert, dass das Eis unter ihren Füßen wegschmilzt oder sie kleben bleiben. Dadurch frieren Enten auch dann nicht, wenn sie in eiskaltem Wasser schwimmen oder auf der Eisdecke spazieren.

Wissenswertes

Wildtiere sind sehr gut an ihr Biotop angepasst. Da sie sich ihren Lebensraum mit Menschen teilen, haben sie nicht die gesamte Nahrung zur Verfügung.

Wildfütterungen ja oder nein? Es gibt Menschen, die dafür, und andere, die dagegen sind. Gegner von Wildfütterungen im Winter sagen, dass dadurch zu viele Tiere überleben. Befürworter der Fütterungen betonen, dass durch das zusätzliche Futter die Forst- und die Landwirtschaft vor Schäden durch hungernde Tiere geschützt werden.

Fütterungen in Notzeiten

im **WALD**

Der Winter ist die schwierigste Zeit für das Wild. Die Pflanzenwelt ruht und lässt keine frischen Triebe wachsen. Wurzeln und andere Leckereien sind unter einer Schneeschicht begraben oder im gefrorenen Boden versteckt. Um bei Kräften zu bleiben, nutzen Wildtiere jede Nahrung, die sie finden.

SCHADENSBEGRENZUNG

Eine beliebte Nährstoffquelle von *Schalenwildtieren* ist Baumrinde. Um die Bäume zu schützen, errichtet der Jäger Notfutterstellen, um so die Tiere davon abzuhalten, von der Rinde zu naschen.

WER DARF FÜTTERN?

In besonders kalten, schneereichen Wintern stellt der zuständige Jäger Futterstellen mit geeignetem Futter für das Wild auf. *Rotwild* nimmt diese sehr gerne an. Es ist für die Tiere praktisch, weil sie das Futter nicht erst suchen müssen, sondern gleich ihren Hunger stillen können. Nur der Jäger darf die Tiere füttern, weil es dafür Vorschriften gibt, die nur er kennt. Diese regeln die Menge und Fütterungsart, angepasst an die Art und die Anzahl des *Wildtierbestands.* Die Regeln gibt es, weil falsche Futtersorten, -mengen oder Standorte dem Wild schaden könnten.

„Schau mal, dort drüben!" Besonders nah an Wildtiere heranzukommen, um sie genauer anzusehen oder gar streicheln zu können, verschreckt die Wilttiere. Jedoch kannst du sie aus sicherer Entfernung mit einem Feldstecher gut beobachten.

In der Ruhe liegt die Kraft

im GEBIRGE

Viele Menschen lieben Schnee, denn jetzt geht es zum Skifahren oder Rodeln auf den Berg. Für uns ist es eine Freude, uns im Schnee zu bewegen. Für die Tiere aber ist es beschwerlich. Der Schnee bremst sie in der Bewegung aus und sie kommen langsamer vorwärts. Das kostet viel Energie. Leichtsinnige Wintersportler abseits der Pisten verursachen dann zusätzlich Stress. Hilf den Tieren daher, Kraft zu sparen, und bleib auf den vorgegebenen Pisten.

EIN LEBEN AUF SPARFLAMME

Viel Schnee, wenig Nahrung und ein steiler Berghang schränken Tiere in der Fortbewegung ein. Jede Anstrengung, auch der Aufstieg in eine andere Gebietslage, kostet sie viel Kraft. Aus diesem Grund bewegen sich Wildtiere wie das *Gamswild* im Winter weniger. Sie verlangsamen ihren Kreislauf und senken ihre Körpertemperatur ab. So können die Tiere Energie sparen und mit weniger Nahrung auskommen.

Es ist für Wildtiere nicht leicht, trotz wenig Energie aufmerksam zu bleiben. Dabei schaffen es Gämsen perfekt, die Waage zwischen Energiesparen und Lebenskraft zu halten.

Winter

Solange wir auf den Skipisten und Spazierwegen bleiben, halten wir den richtigen Abstand zu den Wildtieren ein.

RUHE IST DAS A UND O

Gämsen und andere Wildtiere gewöhnen sich problemlos an laute Straßen, Wege oder auch Skipisten. Sie gehen dem Lärm dieser Orte aus dem Weg. Dadurch haben sie keinen Stress und sparen Energie. Das ist gerade im Winter das A und O.

Leider denken manche Wintersportler oder Wanderer nicht daran, dass ihr Auftauchen die Tiere in Stress versetzt. Lass ihnen deshalb ihre Ruhezonen und scheuche sie nicht auf, auch wenn du sie gern besser beobachten würdest. Denke daran: Eine Flucht vor Menschen kostet wertvolle Energie, die sie besser zur Futtersuche verwenden können.

Richtiges Verhalten
Mit dem Aufscheuchen von Wild im Winter gefährden wir Wildtiere. Besser, du beobachtest sie aus der Ferne.

Winter

Der Familienzusammenhalt ist für Murmeltiere überlebenswichtig. Die „Affen", also die Kinder, brauchen die Körperwärme der erwachsenen Tiere, um selbst nicht zu viel Energie zu verbrauchen.

Murmeltiere fangen schon im Sommer damit an, sich einen Winterspeck anzufressen, und verdoppeln bis zum Herbst ihr Körpergewicht. Von dieser Fettschicht leben sie während des *Winterschlafes.* Bevor sie sich mit ihrer Familie Ende Oktober im *Bau* schlafen legen, müssen sie noch einiges vorbereiten.

ES BLEIBT WARM

Um den Bau vor Frost zu schützen, verschließt die Murmeltierfamilie den Eingang mit einem *Zapfen.* Dieser besteht aus Moos, Gräsern und Steinen, die eine gute Dämmwirkung haben und keine Kälte hereinlassen. Die Tiere schlafen die nächsten sieben Monate lang. Davor gehen sie aber noch ein letztes Mal an der Erdoberfläche auf die Toilette.

DER ZUSAMMENHALT EINER GROSSFAMILIE

Während des Winterschlafs werden Atmung und Herzschlag der Murmeltiere langsamer. Ihre Körpertemperatur sinkt dann auf die Umgebungstemperatur ab. Diese Phase wechselt sich mit einer Aufwärmphase ab. Dann kuschelt sich die Murmeltierfamilie zusammen, um möglichst wenig Energie zu verbrauchen. In dieser Zeit wärmen sie sich für ein paar Stunden auf ihre normale Körpertemperatur auf. Die jüngsten Familienmitglieder brauchen dabei besonders die Wärme der übrigen Familienbande.

Die Abwechslung von langen Phasen mit langsamem Stoffwechsel und kurzen Aufwärmphasen ist ein lebenswichtiger Rhythmus während des Winterschlafs.

Das Essstäbchen einfach durch den unteren Bereich des Kartons stechen und schon haben deine Futterhaus-Besucher eine tolle Sitzstange.

Du kannst das Milchkarton-Futterhaus auch anmalen. Dafür verwendest du am besten Acrylfarbe.

Vom Milchkarton zum Futterhaus

im GARTEN

Singvögel sind den ganzen Winter über auf Futtersuche. Mit einem Futterhäuschen kannst du ihnen helfen und beobachten, welche Vögel in deiner Nähe wohnen.

Bastle aus einem alten Milch- oder Saftkarton ein kleines Vogelfutterhaus und stelle es auf einem Balkon oder im Garten auf. Die Vögel werden sich über deine Hilfsbereitschaft freuen.

DAS RICHTIGE FUTTER

Verwende KEINE Brotreste oder Abfälle aus der Küche, sondern Vogelfutter aus der Tierhandlung. Wichtig ist, dass du die Tiere regelmäßig mit frischen Körnern fütterst und das Futter nicht nass wird. Putze das Futterhaus, damit sich keine Bakterien bilden. Dann wird sich dieser tolle Ort sicher schnell unter den Vögeln herumsprechen.

WAS BRAUCHST DU DAFÜR?

Einen Milch- oder Saftkarton, Schere oder Cutter, eine Schnur, um dein Vogelhaus zu befestigen, und ein Essstäbchen vom Chinalokal als Sitzstange.

SO FUNKTIONIERT'S

Wasche den Karton gründlich. Dann schneide auf zwei gegenüberliegenden Seiten jeweils ein Fenster aus. Diese können die Vögel als Eingänge zum Futterhaus verwenden. Es ist wichtig, dass die untere Kante der Fenster etwa 5 cm vom Boden des Kartons entfernt ist. So hast du genügend Platz, um in dein Vogelhaus Futter zu füllen.

Zum Schluss schneidest du eine Öffnung in die Mitte des Dachs und fädelst eine Schnur hindurch. So kannst du das Vogelhaus aufhängen. Am besten wählst du ein sonniges Plätzchen. Jetzt kommen die Singvögel ohne Hunger durch den Winter.

Wer ist wer?

In einem gut funktionierenden Ökosystem leben viele verschiedene Tiere und Pflanzen. Auch wir Menschen sind Teil dieses Systems. Deshalb sollten wir es uns zur Aufgabe machen, die Natur zu verstehen und zu schützen. In Österreich gibt es Unmengen an Insekten, Sing- und Raubvögeln, Beute- und Raubtieren. Jede Art ist einzigartig und erfüllt eine Aufgabe in der Natur. Auf den nächsten Seiten zeigen wir dir eine Handvoll Wildtiere: jene, die am häufigsten mit dem Menschen zusammentreffen.

ROTWILD

Der *Hirsch* und das *Hirschtier* gehören mit bis zu 200 Kilogramm Körpergewicht zu den größten Waldbewohnern in Europa. Das Rotwild kann ein Alter von 12 bis 18 Jahren erreichen. Es bewohnt große Gebiete, in denen es zwischen *Sommer-* und *Wintereinständen* wechselt. *Rotwild* besitzt ein außergewöhnlich gutes Seh-, Riech- und Hörvermögen. Es lebt in kleinen Gruppen, *Kahlwildrudeln,* die ihm ausreichend Schutz bieten.

REHWILD

Das Reh kann sich gut anpassen und wohnt in vielen verschiedenen *Biotopen.* Je nach Lebensraum lebt das *Rehwild* alleine oder in einer Gruppe, dem Sprung. Bei Gefahr *schreckt* das Reh, um seine Artgenossen zu warnen. Das klingt wie Hundebellen. So wie der *Rothirsch* trägt auch der *Rehbock* ein *Geweih*. Das *Rehwild* ist mit maximal 30 Kilogramm zart gebaut.

GAMSWILD

Die Gams wohnt in *Rudeln* in höher gelegenen Waldgebieten bis hinauf in die Gipfelregionen. Die Tiere trotzen extremen Wetterbedingungen und sind ausgezeichnete Kletterer. Gämsen gehören zu den *Hornträgern. Bock* und *Geiß* tragen beide Hörner, die *Krucken.* Diese werden nicht jährlich abgeworfen, sondern bilden *Altersringe.*

SCHWARZWILD

Wildschweine leben in *Rotten,* die aus verwandten *Bachen, Frischlingen* und *Überläufern* bestehen. Sie verlassen sich auf die Führung der *Leitbache,* sie ist meistens die Größte und Älteste in der *Rotte*. *Keiler* leben als Einzelgänger. Wildschweine, also *Schwarzwild,* verlassen sich auf ihren Geruchs- und Hörsinn, der Sehsinn ist nur sehr schwach ausgebildet.

FELDHASE

Das ursprüngliche Wohngebiet der Feldhasen waren Graslandschaften. Doch seit es Felder gibt, leben Feldhasen gerne dort. Da Feldhasen ganzjährig an der Erdoberfläche leben, ohne Unterschlupf, haben sie ein gut getarntes Fell. Die Hasenartigen gehören zu den wichtigsten *Beutetieren* für *Raubwild.*

WILDKANINCHEN

Das Wildkaninchen wohnt in einem unterirdischen *Bau,* dessen *Kessel* durch *Röhren* verbunden sind. Dafür brauchen sie sandige Böden. Dort leben die geselligen Tiere in *Kolonien.* Bei massenhaftem Auftreten können Wildkaninchen große Schäden in der Landwirtschaft anrichten. Wildkaninchen leben im Osten Österreichs, wegen eingeschleppter Krankheiten sind sie gefährdet.

ALPENMURMELTIER

Die Nagetiere sind in hochalpinen *Biotopen* zu Hause. Durch die Klimaerwärmung wandern sie in noch höhere Gebirgslagen. Der Lebensmittelpunkt einer Murmeltierfamilie ist der *Bau.* Dieser ist das Ergebnis der Arbeit mehrerer Generationen. Dort verbringen *Bär, Katze* und *Aff* mehr als die Hälfte ihres Lebens. Um die strengen Winter im Hochgebirge zu überleben, halten Murmeltiere einen *Winterschlaf.* In dieser Zeit leben sie von Fettreserven, die sie über den Sommer und Herbst angelegt haben.

Steckbriefe

EUROPÄISCHER BIBER

Der bis zu 30 Kilogramm schwere Biber ist bekannt dafür, seine Umgebung nach seinen Bedürfnissen zu gestalten. Bäume fällt er nicht nur für den *Bau* der *Biberburg*, sondern auch um einen Staudamm zu bauen. Durch diesen kann er den Wasserspiegel hoch genug halten, damit der Eingang zur *Biberburg* immer unter Wasser bleibt. Im Winter lebt er meist von den Ästen der Bäume, die auch im Wasser gelagert werden. Biber leben im engen Familienverband.

ROTFUCHS

Der Meister der Anpassung besiedelt jedes *Biotop,* von Wald- und Berggebieten bis zur Feldlandschaft und der Großstadt. Rotfüchse sind die ultimativen *Kulturfolger.* Füchse sind nachtaktiv und überwiegend Einzelgänger. Als *Allesfresser* verspeisen sie, was sie leicht fassen können. Sie bewohnen auch verlassene *Baue,* um nicht selbst einen graben zu müssen. Neben der *Fähe* helfen manchmal auch *Rüden* bei der Aufzucht der Welpen.

DACHS

Die zur Familie der *Marderartigen* gehörenden Dachse besitzen eine *Schwarte,* eine Fettschicht, wie sie auch Wildschweine und Biber besitzen. Sie können ein Gewicht von stolzen 15 Kilogramm erreichen. Dachse leben als Baubewohner in Familienverbänden und sind *Allesfresser.* In seinem *Biotop,* dem Wald, steht in der Nahrungskette aktuell niemand über dem Dachs. Dachs und Dächsin führen Einehen und halten ihre saisonal wechselnden *Baue* sauber und gepflegt.

STEINMARDER

Der *Kulturfolger* ist ein an die Großstadt perfekt angepasstes Wildtier. Auch in Wäldern ist er kein Fremder, er ist ein begabter Kletterer. Der Steinmarder fasst Beute, die ein Vielfaches seines eigenen Körpergewichtes hat. Eine seiner Jagdtechniken ist es, sich im Hals seiner größeren Opfer zu verbeißen. Er lässt erst vom *Beutetier* ab, wenn dieses zu müde ist, um sich gegen den Steinmarder zu wehren.

Steckbriefe

JAGDFASAN

Der in Österreich lebende Jagdfasan ist der Nachkomme mehrerer vom Menschen ausgesetzter Fasanrassen. Der Bodenvogel ist auf Feldern und Wiesen beheimatet. Ein verregneter Frühling schadet den Fasanen, da die Jungvögel sehr empfindlich auf Feuchtigkeit reagieren. Fasane stellen an ihren Lebensraum hohe Ansprüche, denn sie brauchen nicht nur genügend Deckungsmöglichkeiten, sondern auch ein abwechslungsreiches Nahrungsangebot.

STOCKENTE

Als *Kulturfolger* fällt es der Stockente leicht, sich in fast jedem *Biotop* zurechtzufinden. Sie ist die häufigste Entenart. Die *Schwimmente* kann während der *Mauser,* die mit der *Brutzeit* und Jungenaufzucht zusammenfällt, nicht fliegen. Der sonst durch sein *Prachtkleid* auffällige *Erpel* sieht dann genau wie eine *Ente* aus.

RINGELTAUBE

Ringeltauben leben am liebsten in der Nähe von alten Bäumen. Dabei ist es egal, ob diese in einem Park, im Wald oder auf einem Feld wachsen. *Ringeltauben* sind die häufigste von vier Wildtaubenarten in Österreich. Im Gegensatz zu ihren Verwandten wirken Ringeltauben sehr groß und schwerfällig. Erkennen kannst du sie an dem weißen Fleck auf dem Hals. Das unterscheidet sie klar von herkömmlichen Stadttauben.

KRÄHE

Krähen gehören zu der Familie der *Rabenvögel* und sind sehr anpassungsfähige Tiere. In Österreich unterscheidet man zwischen *Aaskrähen* und *Saatkrähen*, wobei die *Saatkrähen Zugvögel* sind und in Österreich überwintern. Sie ernähren sich rein pflanzlich. *Aaskrähen* sind *Allesfresser* und ihrem Namen entsprechend *Aasfresser,* auch Jungtiere stehen auf ihrem Speiseplan. *Aaskrähen* bewohnen fast alle *Biotope.*

Der Wortschatz der Naturliebenden

Die Jagdgemeinschaft im deutschsprachigen Raum hat eine eigene Zusatzsprache: die *Jägersprache.* Sie hilft das, was in der Natur passiert, genauer zu beschreiben. In diesem Glossar findest du einige Begriffe dieser Sprache, die in diesem Buch verwendet werden und die du vielleicht nicht kennst.

A

Aasfresser, die: Als Aasfresser bezeichnet man Wildtiere und Vögel, die das Fleisch verendeter Tiere fressen.
Aaskrähen, die: Sammelbegriff für die beiden heimischen Krähenarten, *Nebel-* und *Rabenkrähe*
abwerfen: Die männlichen *Geweihträger* (zum Beispiel Rot-, Rehwild) werfen einmal jährlich hormonbedingt ihr *Geweih* ab.
Aff, der: das Murmeltierjunge
Allesfresser, die: Tiere, die sowohl von tierischer, als auch pflanzlicher Nahrung leben
Altersringe, die: Rillen, die jedes Jahr Hörner beim Gamswild bilden
Artenvielfalt, die: reiches Vorkommen an ansässigen Tier- und Pflanzenarten
Äsung, die: Futter beziehungsweise Nahrung des Wildes
aufbäumen: auf einen Baum hinauffliegen.

B

Bache, die: weibliches Wildschwein
Balg, der: Haut des Wildes
Balz, die: Durch Rituale geprägtes Verhaltensmuster während der Paarungszeit der Vögel
Bär, der: männliches Murmeltier
Bast, der: gut durchblutete Haut um das Geweih, bevor es *verfegt* wird
befahren: bewohnen (zum Beispiel der Bau von Fuchs, Dachs oder Kaninchen.)
bellen: Lautäußerung des Fuchses zur *Ranzzeit*
Bestand, der: alle in einem Revier lebenden Tiere einer Wildart
Beutetier, das: Tier, das einem Raubtier als Nahrung dient
Biberburg, die: von einem Biber errichteter Bau, der aus Damm und Wohnbau besteht
Biotop, das: Lebensraum, geprägt von Bodenbeschaffenheit und Klima
blädern: die ziegenbockartigen Laute des *Gamsbockes* zur *Brunft*
Blattzeit, die: Brunftzeit des Rehwildes von Juli bis August
Bock, der: männliches Reh- und Gamswild.

Bockkitz, das: männliches *Kitz* des Gams- und Rehwildes im ersten Lebensjahr
Brachflächen, die: vorübergehend nicht bewirtschaftete landwirtschaftliche Flächen
brechen: Schwarzwild wühlt nach Nahrung
Brunft, die: Paarungszeit aller *Schalenwildtierarten* mit Ausnahme des *Schwazrwildes*
Brunftfeigen, die: Drüse zwischen den *Lauschern* des *Gamsbockes*, die während der *Brunft* aktiviert wird und ein stark riechendes Sekret produziert
brunftig: paarungsbereites Schalenwild
Brunftplatz, der: freier Platz, an dem das Brunftgeschehen stattfinden kann
Brutplatz, der: Nistplatz, Ort für das *Gelege*

D

Dachs, der: männlicher Dachs
Dächsin, die: weiblicher Dachs
Decke, die: Haut das Schalenwildes mit Ausnahme des *Schwarzwildes*
Deckung, die: Sammelbezeichnung für alle vom Wild genutzten Versteckmöglichkeiten

E

Einstand, der: regelmäßige Aufenthaltsort von Schalenwild
Ente, die: weibliche Ente
Ernteschock, der: Zustand des Wildes nach großer Landschaftsveränderung durch landwirtschaftliche Nutzung
Erpel, der: männliche Ente

F

Fähe, die: weiblicher Fuchs
färben: Wechsel von *Winter-* zu *Sommerdecke* und umgekehrt
Feist, der: Fett
fegen: Abreiben des *Bastes* von den neugebildeten *Geweihen*
Feistzeit, die: Sommermonate mit großem Nahrungsangebot
forkeln: das Einsetzen des Geweihs oder der Hörner als Waffe
fressen: Nahrungsaufnahme bei Raubwild
Frischlinge, die: Bezeichnung für ein Wildschwein im ersten Lebensjahr

Glossar

G

Geheck, das: Junge eines *Wurfes*
Geiß, die: Bezeichnung für weibliches Reh- und Gamswild
Gelege, das: Nest eines Vogels
Geweih, das: aus Knochen bestehender Kopfschmuck von männlichen *Schalentieren.* Es wird einmal jährlich abgeworfen, nachdem der Testosteronspiegel nach der Brunft abfällt.
Geweihanlagen, die: erste Andeutung eines *Geweihs* bei *Bockkitzen*
Glattfußhuhn, das: Familie der Hühnervögel, zu denen der Fasan gehört

H

Haupt, das: Kopf von Wild
Harem, das: eine Gruppe von weiblichen Tieren, die das Männchen umgibt
Hasenartige, die: Ordnung der Säugetiere, die sich durch ein zusätzliches paar Zähne (Stiftzähne) von Nagetieren unterscheidet
Häsin, die: weiblicher Hase oder Kaninchen
Henne, die: weiblicher Bodenvogel
Hexenring; der: Kreisförmige Narbe am Boden durch das Treiben der *Rehbrunft* um Bäume und Sträuche
Hirsch, der: Bezeichnung für männliches Rot-, Sika- und Damwild
Hochbrunft, die: Zeitpunkt, an dem die meisten weiblichen Tiere brunftig sind
Hörner, die: aus Horn bestehender Kopfschmuck von Schalentieren, die kein Geweih tragen (zum Beispiel Gamswild)

J

Jagdaufseher, der: verantwortlich, dass in einem Revier der Jagdschutz eingehalten wird
Jahrling, der: Bezeichnung für einen einjährigen Bock (Gamswild oder Rehwild)

K

Kahlwild, das: Geimeinschaft von *Muttertieren* mit ihren *Kälbern* beim Rotwild
Katze, die: weibliches Murmeltier
kauzen: dem Bellen ähnlicher Fuchslaut
keckern: Fuchslaut bei Erregung
Keiler, der: männliches Wildschwein
Kessel, der: Rückzugsort einer *Bache* und ihrer *Frischlinge* oder ein Raum im Fuchs- oder Dachsbau
Kette, die: Familienverband bzw. Gruppen von *Hühnervögeln*
Kitz, das: Bezeichnung für das Jungtier des Reh- und Gamswildes
Krucken, die: Hörner des Gamswildes
Küken, die: Jungvögel
Kulturflüchter, der: Pflanzen- oder Tierart, die die Nähe zu menschlichen oder kulturell geprägten Landschaften meiden
Kulturfolger, der: Pflanzen- oder Tierart, die von menschlichen oder kulturell geprägten Landschaften profitieren
Kulturlandschaft, die: vom Menschen geprägte Naturlandschaft

L

Latschen, die: Füße der Enten, deren Zehen mit Schwimmhäuten verbunden sind.
Lauscher, die: Ohren von Wild.
Leitbache, die: weibliches Wildschwein, das eine *Rotte* anführt.

M

Malbaum, der: bevorzugter Baum in der Nähe einer Suhle, an dem sich Schwarz- oder Rotwild den Schlamm abreibt
Marderartige: Familie der hundeartigen Raubtiere
Mastjahr, das: ein Jahr, in dem Eichen, Buchen etc. besonders viele Früchte tragen
Mauser, die: Wechsel des Federkleids von Vögeln
Mikroplastik, das: winzige Kunststoffteile
Monokultur, die: Anbau der immer gleichen Pflanzenart auf einer Bodenfläche

N

Nagetier, das: Säugetier, mit je zwei zum Nagen ausgebildeten Zähnen im Ober- und Unterkiefer
Nahrungsfloß, das: Vorrat des Bibers, der an der *Biberburg* befestigt ist und aus Ästen und Holz besteht
Natürliche Selektion: nach Charles Darwin. Jene Individuen einer Art sind am erfolgreichsten, die am besten an die gegebene Umwelt angepasst sind und sich am erfolgreichsten fortpflanzen
Nebelkrähe, die: *Aaskrähe* mit grauem Brustgefieder
Nestflüchter, der: Jungtier, das kurz nach dem Schlüpfen oder der Geburt bereits gehen kann und den Eltern folgt
Nesthocker, der: Jungtier, das nackt und blind schlüpft oder geboren wird und von der Fürsorge seiner Eltern abhängig ist
Notzeit, die: Ist in jagdlicher Hinsicht gegeben, wenn sich das Wild in einem Ausnahmezustand befindet, beispielsweise bei winterbedingtem Futtermangel, durch Überschwemmung, Waldbrand oder Dürre.

Glossar

O

Ökologisches Gleichgewicht, das: die langfristige Ausgeglichenheit der Arten in einem ökologischen System. Lebensgemeinschaften mit einer großen Artenvielfalt bilden ein weniger störanfälliges Ökosystem.
Ökosystem, das: das Zusammenspiel von Lebensgemeinschaften und deren Lebensraum

P

Pestizid, das: Schädlingsbekämpfungsmittel
Platzbock, der: ein *Reh-* oder *Gamsbock,* der in der *Brunft* oder *Blattzeit* den *Brunftplatz* vor Rivalen verteidigt
Platzhirsch, der: der den *Brunftplatz* beherschende, meist stärkste Hirsch. Er verteidigt seinen *Harem* an *Kahlwild* vor Konkurrenten
Prachtkleid, das: schmuckvolles Gefieder männlicher Vögel

R

Rabenkrähe, die: *Aaskrähe* mit einem vollständig schwarzen Gefieder
Rammelzeit, die: Paarungszeit bei Hasen und Wildkaninchen
Rammler, der: männlicher Hase oder männliches Wildkaninchen
Ranzzeit, die: Paarungszeit von Haarraubwild, zum Beispiel Fuchs oder Marder
Raubvogel, der: Greifvogel
Raubwild, das: fleischfressendes Wild
Rauschzeit, die: Paarungszeit des Schwarzwildes
Rehbock, der: männliches Rehwild
Rehgeiß, die: weibliches Rehwild
Riss, der: vom Haarraubwild getötetes Wild oder Tier
röhren: Lautäußerungen des Rothirschs in der Brunftzeit
Rotte, die: größere Anzahl an Schwarzwild, geführt von der *Leitbache*
rucksen: Ruf des *Ringeltaubers*
Rudel, das: größere Anzahl an Tieren, zum Beispiel Rot- oder Gamswild
Rüde, der: Bezeichnung eines männlichen Hundeartigen oder Marderartigen, zum Beispiel Fuchs oder Marder
Ruhezone, die : Rückzugsort für Wildtiere.
Ruder, die: Beine der Entenvögel

S

Sasse, die: Mulde in der Erde, in die sich der Feldhase legt
Schälschaden, der: durch *Schälen* entstandener Schaden an jungen Bäumen.
schälen: Abnagen von Rindenstücken im Winter
Schalen, die: die geteilten Hufe des Schalenwildes
Schalenwild, das: Wild, das sich auf *Schalen* bewegt, beispielsweise Reh, Gams-, Rot- und Schwarzwild
Schlafbaum, der: ausgewählter Baum, auf dem der Fasan schläft
Schlichtkleid, das: gut getarntes Gefieder während der Mauser des Federwilds. Bei weiblichen Stockenten das permanente Federkleid
Schmalgeiß, die: Geiß (oder Gais) im zweiten Lebensjahr, die noch keine Jungen hat
Schof, der: eine Gruppe von Enten.
Schwarm, der: große Anzahl von Singvögeln
Schwarte, die: Fell oder Haut des Dachses oder Schwarzwildes
Schwarzwild, das: jagdliche Bezeichnung für Wildschweine
Schwimmente: Gattung der Enten, die bei der Nahrungsaufnahme nicht tauchen und bevorzugt am Wasser leben
setzen: gebären
Setzröhre, die: Kammer der Kaninchenjungen im Bau
Setzzeit, die: Zeit, in der der Nachwuchs geboren wird.
Sommer- und **Wintereinstand,** der: der jahreszeitliche Aufenthaltsort eines Stücks Schalenwild im Revier
Sommerdecke und **Winterdecke,** die: von der Jahreszeit abhängige Färbung des Fells beim Schalenwild
Sporn, der: eine verlängerte Kralle, die beispielsweise von Fasanhähnen als Waffe eingesetzt wird
Sprung, der: eine große Anzahl von Rehwild
Suhle, die: schlammiger Wassertümpel, in dem sich Rot- und Schwarzwild für die Körperpflege wälzt
suhlen: im Schlammbad wälzen
Synchronrauschigkeit, die: mit der Leitbache gleichzeitig rauschig werden

T

Tier, das: weibliches Rotwild
treiben: die Verfolgung der brunftigen Rehgeiß vom *Rehbock*
Tauber, der: männliche Taube
Trophäe, die: Geweihe, Hörner oder Waffen männlicher Schalentiere

U

Überläufer, der: Schwarzwild im zweiten Lebensjahr
Unterholz, das: niedrig wachsendes Gehölz oder Gebüsch im Wald

V

Verbissschaden, der: Abnagen von Rindenstücken
Vorderläufe, die: Vorderbeine des Wildes

W

Welpen, die: Bezeichnung für die Jungen von Haarraubwild, zum Beispiel von Fuchs oder Marder
Windschutzstreifen, der: Bepflanzung zwischen Ackerflächen, die diese vor Wind und anderen Natureinflüssen schützt
Winterschlaf, der: Überlebensstrategie mancher Tiere, den Winter durch einen tiefen Ruhezustand zu überdauern, indem der Stoffwechsel extrem reduziert und die Körpertemperatur der Umgebung angepasst wird
wölfen: das Werfen von Welpen bei zum Beispiel Fuchs und Marder
Wurfbau, der: speziell für den Wurf bewohnter Bau
Wurfzeit, die: Zeit, in der die Jungen von zum Beispiel Fuchs und Marder geboren werden

Z

Zapfen, der: Verschluss, mit dem der *Bau* von Murmeltieren oder die *Setzröhre* eines Kaninchenbaus verschlossen wird
Zugvogel, der: Vogel, der vor Einbruch des Winters in wärmere Gebiete zieht.

Glossar

Deine Herausforderungen für jede Jahreszeit

Es gibt in der Natur viel zu entdecken! Deine Beobachtungen kannst du im Entdeckerheft sammeln und die darin enhaltenen Jahreszeiten-Challenges lösen. Bist du bereit, dich einen wahren Artenschützer zu nennen? Scanne den QR-Code, drucke das Entdeckerheft doppelseitig – an der kurzen Kante gespiegelt – aus und deine Entdeckungsreise kann beginnen!

SO KANNST DU DIR DEIN EIGENES HEFT BINDEN:

1.

Scanne den Code und drucke das Heft in deinem Drucker doppelseitig aus.

2.

Falte jedes Blatt in der Mitte und sortiere es in die richtige Reihenfolge.

3.

Mithilfe einer Büroklammer kannst du die Blätter fixieren, damit sie nicht verrutschen. Dann heftest du den Papierstoß zwei Mal in der Mitte.

4.

Und schon kann dein Abenteuer in der Natur beginnen!

© Kerstin Heidecker

Autorin

Verena Heidecker, geboren 1998 in Tulln an der Donau, studierte Grafik- und Informationsdesign in St. Pölten. Als naturverbundener Mensch beschäftigt sie sich seit 2018 vermehrt mit Wildökologie und absolvierte die Jagdprüfung. Überrascht von der eigenen Unwissenheit über die heimische Flora und Fauna, macht sie es sich zur Aufgabe, Kinder über respektvolles Verhalten in der Natur und gegenüber Wildtieren zu informieren und sie für den Artenschutz zu begeistern.

Dank

Mein Dank richtet sich an alle, die an der Entstehung dieses Buches beteiligt waren und deren Beiträge eine wertvolle Ressource waren.
Mein ausdrücklicher Dank gilt im Besonderen:
Alexius Hardegg
Hubertus Lederleitner
Univ. Prof. Dr. Claudia Bieber